Nebesa I

Njegov sijaj je bil podoben najdražjemu kamnu,
kamnu, kakor je kristalni jaspis.

(Razodetje 21:11)

Nebesa I

Bleščeča In Čudovita Kakor Kristal

Dr. Jaerock Lee

Nebesa I: Bleščeča In Čudovita Kakor Kristal Avtor dr. Jaerock Lee
Izdala založba Urim Books (Predsednik: Kyungtae Noh)
73, Yeouidaebang-ro 22-gil, Dongjak-gu, Seul, Koreja
www.urimbooks.com

Avtorske pravice pridržane. Te knjige oz. njenih delov ni dovoljeno kopirati, reproducirati, shranjevati v podatkovnih sistemih, ali prenašati v kakršni koli obliki ali sredstvu brez predhodnega pisnega dovoljenja založnika.

Avtorske pravice © 2016, dr. Jaerock Lee
ISBN: 979-11-263-0100-3 04230
ISBN: 979-11-263-0099-0 (set)
Avtorske pravice prevoda © 2015, dr. Esther K. Chung. Uporabljeno z dovoljenjem.

Predhodno izdano v korejskem jeziku leta 2002 s strani založbe Urim Books

Prva izdaja: April 2016

Uredila dr. Geumsun Vin
Oblikovala uredniška pisarna Urim Books
Natisnilo podjetje Prione Printing
Za več informacij se obrnite na urimbook@hotmail.com

Predgovor

Ljubeči Bog ne le vodi vsakega vernika na pot odrešenja, temveč nam tudi razodeva skrivnosti nebes.

Vsak se najbrž vsaj enkrat v življenju vpraša: „Kam bom odšel po koncu življenja na tem svetu?" ali „Ali nebesa in pekel resnično obstajata?"
Mnogi umrejo, ne da bi prejeli odgovore na tovrstna vprašanja, in četudi verujejo v posmrtno življenje, marsikdo ne pridobi nebes, saj nimajo vsi primernega znanja. Nebesa in pekel nista le plod domišljije, pač pa predstavljata realnost duhovnega sveta.

Po eni strani so nebesa tako čudovit kraj, da ga ni moč primerjati z ničemer na tem svetu. Še zlasti lepote in sreče, ki vladata v Novem Jeruzalemu, kjer se nahaja Božji prestol, ni mogoče zadostno opisati, saj je vsa okolica izdelana iz najkvalitetnejših materialov in z nebeškimi veščinami.
Po drugi strani pa je pekel poln neprekinjene bolečine in

večnega kaznovanja; njegova grozljiva realnost je podrobno opisana v knjigi *Pekel*. Nebesa in pekel sta nam bila razodeta skozi Jezusa in apostole in se še danes podrobno razodevata skozi Božje ljudi, ki gojijo iskreno vero Vanj.

Nebesa so kraj, kjer Božji otroci uživajo večno življenje in kjer so zanje pripravljene nepredstavljivo lepe in veličastne reči. Vse to boste spoznali šele, ko vam bo Bog to dovolil in razodel.

Sedem let sem neprekinjeno molil in se postil, da bi dosegel spoznanje o teh nebesih in začel prejemati odgovore od Boga. In danes mi Bog razodeva še tiste najglobje skrivnosti duhovnega sveta.

Ker nebesa niso vidna našim očem, jih je izredno težko opisati z jezikom in znanjem tega sveta, zato pogosto prihaja do napačnih razlag in razumevanja. Tako tudi apostol Pavel ni znal podrobno opisati raja iz tretjih nebes, ki ga je videl v videnju.

Bog mi je razkril veliko skrivnosti o nebesih in tako sem lahko več mesecev pridigal o srečnem življenju ter različnih krajih in nagradah, ki se v nebesih delijo v skladu s posameznikovo mero vere. A nazadnje kljub temu nisem uspel pridigati o vsem, kar sem se naučil.

Skozi to knjigo mi Bog dovoljuje razkriti skrivnosti

duhovnega sveta zato, da bi rešil kar največ duš in jih privedel v nebesa, ki so bleščeča in čudovita kakor kristal.

Vso hvalo in slavo dajem Bogu, ki mi je omogočil izdati knjigo *Nebesa I: Bleščeča In Čudovita Kakor Kristal,* ki opisuje svet, poln Božjega veličastva in hkrati bleščeč in čudovit kakor kristal. Resnično upam, da boste začutili veliko Božjo ljubezen, ki nam razodeva skrivnosti nebes in vodi vse ljudi na pot odrešenja. In upam, da boste tekli proti vašemu cilju – večnemu življenju v Novem Jeruzalemu. Zahvaljujem se tudi dr. Geumsun Vin, direktorici uredniške pisarne Urim Books in njenemu osebju, ki je omogočilo izdajo tega mojega dela. Molim v imenu Gospoda, da bi se skozi to knjigo rešili številni ljudje in uživali večno življenje v Novem Jeruzalemu.

Jaerock Lee

 Uvod

V upanju, da bi vsak od vas spoznal potrpežljivo Božjo ljubezen, dosegel popolnega duha ter stekel Novemu Jeruzalemu naproti.

Vso hvalo in slavo dajem Bogu, ki je pomagal številnim ljudem, da so skozi izdajo knjige *Pekel* in dvodelne knjige *Nebesa* spoznali duhovni svet ter stekli proti cilju z upanjem po nebesih.

Ta knjiga sestoji iz desetih poglavij, ki jasno opisujejo življenje, lepoto, različne kraje v nebesih ter nagrade, ki se dajejo v skladu z mero vere. Vse to je Bog skozi navdih Svetega Duha razodel častitemu dr. Jaerocku Leeju.

1. poglavje „Nebesa: Bleščeča in čudovita kakor kristal" opisuje večno srečo v nebesih, pri čemer se osredotoča na splošno podobo tega sveta, v katerem ni potrebe po sijanju sonca ali lune.

2. poglavje „Edenski vrt in nebeško čakališče" pojasnjuje lokacijo, podobo in življenje v edenskem vrtu, kar vam bo

pomagalo bolje razumeti nebesa. To poglavje govori tudi o Božjem načrtu in previdnosti pri duhovni vzgoji človeštva ter zasaditvi drevesa spoznanja dobrega in hudega. Prav tako govori o čakališču, kjer rešeni ljudje čakajo na sodni dan, o življenju v tem kraju ter o ljudeh, ki jim ni treba v čakališče, ampak gredo naravnost v Novi Jeruzalem.

3. poglavje „Sedem let poročnega banketa" govori o drugem prihodu Jezusa Kristusa, sedem letnem obdobju velike stiske, Gospodovi ponovni vrnitvi na zemljo, tisočletnem kraljestvu ter kasnejšem večnem življenju.

4. poglavje „Skrivnosti nebes, prikrite že vse od stvarjenja" govori o skrivnostih nebes, ki so nam bile razkrite skozi Jezusove prilike, in nas uči, kako pridobiti nebesa, kjer se nahaja veliko bivališč.

5. poglavje „Kako bomo živeli v nebesih?" postreže s pojasnili o višini, teži in barvi duhovnega telesa, ter kako bomo živeli. Skozi različne primere srečnega življenja nas to poglavje spodbuja, naj vehementno in z velikim upanjem korakamo proti nebesom.

6. poglavje „Raj" opisuje raj, ki se nahaja na najnižjem nivoju

nebes, a je kljub temu veliko lepši in srečnejši kraj kot ta zemlja. To poglavje opisuje tudi ljudi, ki bodo vstopili v raj.

7. poglavje „Prvo nebeško kraljestvo" govori o življenju in nagradah v prvem kraljestvu, kjer bodo bivali tisti, ki so sprejeli Jezusa Kristusa in se trudili živeti po Božji besedi.

8. poglavje „Drugo nebeško kraljestvo" vzame pod drobnogled življenje in nagrade drugega kraljestva, kamor bodo vstopili tisti, ki so opravili svoje naloge, a niso dosegli popolne svetosti. To poglavje izpostavlja tudi pomembnost poslušnosti in izpolnjevanja od Boga danih nalog.

9. poglavje „Tretje nebeško kraljestvo" opisuje lepoto in slavo tretjega kraljestva, ki ga ni moč primerjati z drugim kraljestvom. Tretje kraljestvo je kraj samo za tiste, ki so z lastnim prizadevanjem in ob pomoči Svetega Duha odvrgli vse grehe – tudi grehe njihove narave. To poglavje govori tudi o ljubezni Boga, ki dovoljuje skušnjave in preizkušnje.

Zadnje, 10. poglavje „Novi Jeruzalem", nam predstavi Novi Jeruzalem, najbolj čudovit in veličasten kraj v nebesih, kjer se nahaja Božji prestol. To poglavja opiše ljudi, ki bodo vstopili v

Novi Jeruzalem, za konec pa bralca napolni še z upanjem skozi primera dveh oseb in njunih domov, ki jih bosta prejela ob vstopu v Novi Jeruzalem.

Bog je za Svoje ljubljene otroke pripravil nebesa, ki so bleščeča in čudovita kakor kristal. Bog si prav tako želi, da bi se rešilo kar največ ljudi, in se veseli snidenja s Svojimi otroki v Novem Jeruzalemu.

Osebno upam v imenu Gospoda, da bi vsi bralci knjige *Nebesa I: Bleščeča In Čudovita Kakor Kristal* spoznali veliko Božjo ljubezen, dosegli popolnega duha s srcem Gospoda ter energično stekli Novemu Jeruzalemu naproti.

Geumsun Vin
Direktorica uredniške pisarne

Vsebina

Predgovor
Uvod

1. poglavje **Nebesa: Bleščeča in čudovita kakor kristal • 1**
    1. Novo nebo in nova zemlja
    2. Reka žive vode
    3. Prestol Boga in Jagnjeta

2. poglavje **Edenski vrt in nebeško čakališče • 19**
    1. Edenski vrt, v katerem je živel Adam
    2. Ljudje so vzgajani na tej Zemlji
    3. Nebeško čakališče
    4. Ljudje, ki ne ostajajo v čakališču

3. poglavje **Sedem let poročnega banketa • 43**
    1. Gospodova vrnitev in sedem let poročnega banketa
    2. Tisočletno kraljestvo
    3. Nagrada v nebesih po sodnem dnevu

4. poglavje **Skrivnosti nebes, prikrite že vse od stvarjenja • 65**
    1. Skrivnosti nebes so razkrite že vse od Jezusovega časa
    2. Skrivnosti nebes, ki bodo razkrite ob koncu sveta
    3. V hiši mojega Očeta je veliko bivališč

5. poglavje **Kako bomo živeli v nebesih?** • 91
 1. Način življenja v nebesih
 2. Nebeška oblačila
 3. Nebeška hrana
 4. Nebeška prevozna sredstva
 5. Nebeška zabava
 6. Čaščenje, izobraževanje in kultura v nebesih

6. poglavje **Raj** • 115
 1. Lepota in sreča v raju
 2. Komu je namenjen raj?

7. poglavje **Prvo nebeško kraljestvo** • 129
 1. Njegova lepota in sreča presegata raj
 2. Komu je namenjeno prvo nebeško kraljestvo?

8. poglavje **Drugo nebeško kraljestvo** • 141
 1. Čudoviti zasebni domovi za vsakogar
 2. Komu je namenjeno drugo nebeško kraljestvo?

9. poglavje **Tretje nebeško kraljestvo** • 157
 1. Angeli strežejo vsakemu Božjemu otroku
 2. Komu je namenjeno tretje nebeško kraljestvo?

10. poglavje **Novi Jeruzalem** • 173
 1. Prebivalci Novega Jeruzalema srečujejo Boga iz oči v oči
 2. Komu je namenjen Novi Jeruzalem

1. poglavje

Nebesa:
Bleščeča in čudovita kakor kristal

1. Novo nebo in nova zemlja
2. Reka žive vode
3. Prestol Boga in Jagnjeta

*Nato mi je pokazal reko žive vode,
bleščečo kakor kristal,
ki je izvirala od prestola Boga in Jagnjeta.
Po sredi njegove ulice in na obeh straneh reke
pa raste drevo življenja,
ki dvanajstkrat rodi
in daje svoj sad vsak mesec.
Listje tega drevesa
je zdravilo narodom.
Nobenega prekletstva ne bo več.
V njem bo prestol Boga in Jagnjeta,
ki mu bodo služili njegovi služabniki.
Gledali bodo njegovo obličje
in njegovo ime bo na njihovih čelih.
Noči ne bo več
in ne bodo potrebovali ne luči svetilke
ne sončne luči,
kajti razsvetljeval jih bo Gospod Bog
in kraljevali bodo na veke vekov.*

- Razodetje 22:1-5 -

Mnogi ljudje se sprašujejo: „V nebesih bomo menda večno živeli v sreči – toda kakšen kraj so ta nebesa?" Pričevanja tistih, ki so obiskali nebesa, nam pravijo, da jih je večina potovala skozi izredno dolg tunel. Nebesa so namreč duhovni svet, ki se močno razlikuje od našega sveta.

Kdor živi v tem tridimenzionalnem svetu, ne more poznati podrobnosti o nebesih. Ta veličasten svet, ki leži nad našim tridimenzionalnim svetom, spoznate šele takrat, ko vam ga razkrije Bog, oziroma ko imate odprte duhovne oči. In ko boste podrobno poznali duhovni svet, bo vaša duša neskončno srečna, vaša vera bo hitro rasla in ljubljeni boste od Boga. Ravno zato nam Jezus sporoča skrivnosti nebes skozi številne prilike in tudi apostol Janez zelo podrobno opisuje nebesa v knjigi Razodetja.

Kakšen svet so potem nebesa in kako bodo ljudje tam živeli? Ta knjiga na kratko opisuje ta bleščeča in kakor kristal čudovita nebesa, ki jih je Bog pripravil, da bi delil Svojo ljubezen s Svojimi otroki na vse veke.

1. Novo nebo in nova zemlja

Prvo nebo in prva zemlja, ki ju je ustvaril Bog, sta bila bleščeča in čudovita kakor kristal, dokler nanju ni padlo prekletstvo zaradi Adamove neposlušnosti. Poleg tega sta hitra industrializacija ter napredek v znanosti in tehnologiji onesnažila to zemljo, zato se danes čedalje več ljudi bori za zaščito narave.

Ko bo nastopil čas, bo zato Bog umaknil prvo nebo in prvo

zemljo ter razkril novo nebo in novo zemljo. Četudi je ta naša zemlja onesnažena in pokvarjena, pa je še vedno pomembna za vzgojo pravih Božjih otrok, ki lahko in tudi bodo vstopili v nebesa.

V začetku je Bog ustvaril zemljo in človeka, ki ga je nato popeljal v edenski vrt. Dal mu je popolno svobodo in izobilje ter mu dovolil prav vse, razen jesti z drevesa spoznanja dobrega in hudega. Toda človek je prekršil edino od Boga dano zapoved in bil posledično izgnan na to zemljo.

Ker pa je vsemogočni Bog vedel, da bo človeštvo zašlo na pot pogube, je še pred začetkom časa pripravil Jezusa Kristusa ter Ga ob pravem trenutku poslal na zemljo.

Zatorej, kdor sprejme Jezusa Kristusa, ki je bil križan in obujen od mrtvih, bo preoblikovan v novo stvarjenje in odšel v nova nebesa in novo zemljo ter užival večno življenje.

Modro in kristalno nebo novih nebes

Nebo novih nebes, ki jih je pripravil Bog, je napolnjeno s čistim zrakom in je resnično bleščeče, čisto in jasno, za razliko od zraka tega sveta. Predstavljajte si jasno in prostrano nebo z jasnimi belimi oblaki. Kako čudovito in prijetno bi bilo zreti vanj!

Toda zakaj bo to novo nebo modro? V duhovnem pogledu nam modra barva pomaga občutiti globino, višino in čistost. Voda je videti modre barve, kadar je čista. Tudi sam pogled v modro nebo poživlja naša srca. Bog je ustvaril nebo tega sveta modre barve, saj je očistil vaše srce, ki kot takšno hrepeni po iskanju Stvarnika. Če lahko ob pogledu na modro in jasno nebo priznavate: „Tam zgoraj je moj Stvarnik. On je ustvaril vse stvari tako čudovite!" bo vaše srce očiščeno in zaživeli boste pravično življenje. In če bi bilo nebo rumene barve? Namesto občutka lagodja bi bili ljudje zaskrbljeni in zbegani, nekateri pa bi celo zboleli za duševnimi boleznimi. Človekovo počutje je močno odvisno od barv in zato je Bog ustvaril nebo novih nebes modre barve ter nanj postavil jasne bele oblake, da bi Njegovi otroci lahko živeli srečno in s srci, ki so bleščeča in čudovita kakor kristal.

Nova zemlja v nebesih iz čistega zlata in draguljev

Kakšna pa bo potem nova zemlja v nebesih? Na tej novi zemlji v nebesih, ki jo je Bog ustvaril bleščečo in čudovito kakor kristal, ni ne zemlje ne prahu. Nova zemlja je sestavljena izključno iz čistega zlata in draguljev. Kako očarljivo mora biti v nebesih, kjer so bleščeče ceste, narejene iz čistega zlata in draguljev!

Naš planet je sestavljen iz zemlje, ki se skozi čas spreminja, kar nas opominja na minljivost in smrt. Bog je rastlinam dovolil rasti, roditi sadove in propasti v zemlji zato, da bi ljudje dojeli, da ima vsako življenje na tej zemlji konec.

Medtem pa so nebesa narejena iz čistega zlata in draguljev, ki se ne spreminjajo, kajti nebesa so resničen in večen svet. In tako kot rastline rastejo na tej zemlji, tako rastejo tudi v nebesih, s to razliko, da tam nikoli ne umrejo ali propadejo.

Tudi hribi in gradovi so narejeni iz čistega zlata in draguljev. Kako bleščeči in čudoviti morajo biti na pogled! Zato ohranjajte pravo vero, da ne boste prikrajšani za to lepoto in srečo v nebesih, ki ju ni mogoče zadovoljivo opisati z besedami.

Umik prvega neba in prve zemlje

Kakšna bo usoda prvega neba in prve zemlje, ko se pojavita novo čudovito nebo in nova zemlja?

Zatem sem videl velik bel prestol in Njega, ki je sedèl na njem. Zemlja in nebo sta pobegnila izpred njegovega obličja in zanju ni bilo prostora (Razodetje 20:11).

Nato sem videl novo nebo in novo zemljo. Kajti prvo nebo in prva zemlja sta izginila in morja ni bilo več (Razodetje 21:1).

Ko bo ljudem, ki so bili vzgajani na tej zemlji, na sodni dan sojeno med dobrim in hudim, bosta prvo nebo in prva zemlja umaknjena. To sicer še ne pomeni, da bosta v celoti izginila, temveč bosta zgolj premeščena na drugo lokacijo.

Toda zakaj bo Bog zgolj premestil prvo nebo in prvo zemljo, namesto da bi ju v celoti izbrisal? Zato ker bi Njegovi otroci, ki živijo v nebesih, močno pogrešali prvo nebo in prvo zemljo. Četudi so pod prvim nebom in na prvi zemlji utrpeli veliko gorja in stiske, je to nekoč bil njihov dom, na katerega bodo vedno navezani. In ker se Bog tega dobro zaveda, ju ne bo v celoti odstranil, ampak zgolj premestil na drug konec vesolja.

Naše vesolje je neskončen svet, hkrati pa obstaja še veliko drugih vesolj. Tako bo Bog premestil prvo nebo in prvo zemljo na en konec določenega vesolja in Svojim otrokom dovolil, da ju bodo lahko kdajkoli obiskali.

Brez solza, žalosti, smrti ali bolezni

Novo nebo in nova zemlja, kjer bodo živeli Božji otroci, sta povsem prazna prekletstva in napolnjena s srečo. Razodetje 21:3-4 nam razkriva, da v nebesih ni solza, žalosti, smrti, žalovanja ali bolezni, saj tam prebiva Bog sam.

In zaslišal sem močen glas, ki je prišel od prestola in rekel: „Glej, prebivališče Boga med ljudmi! In prebival bo z njimi, oni bodo Njegova ljudstva in Bog sam bo z njimi, njihov Bog. In obrisal bo vse solze z njihovih oči in smrti ne bo več, pa tudi žalovanja, vpitja in bolečine ne bo več. Kajti prejšnje je minilo."

Kako žalostno bi bilo, če bi stradali in bi vaši otroci od lakote jokali za hrano? V čem bi bil smisel, če bi vam nekdo pristopil in rekel: „Tako lačni ste, da kar jočete za hrano," nakar bi obrisal vaše solze, a vam ne bi ničesar dal? Kako bi vam lahko resnično pomagal? Seveda bi vam moral ponuditi hrano in vas tako rešiti pred stradanjem. Samo to bi ustavilo solze na vaših licih in licih vaših otrok.

Enako pa tudi besede, da bo Bog obrisal vse solze z vaših oči, pomenijo, da v kolikor se rešite in stopite v nebesa, tam ne bo nobenih skrbi, kajti tam ni ne solza, žalosti, smrti, žalovanja in ne bolezni.

Po eni strani boste na tej zemlji zagotovo izkusili žalost, pa če verujete v Boga ali ne. Posvetni ljudje močno objokujejo vsako najmanjšo lastno izgubo ali nesrečo. Po drugi strani pa verniki žalujejo z ljubeznijo in usmiljenjem za vsemi tistimi, ki še niso dosegli odrešenja.

Vendar ko enkrat vstopite v nebesa, bodo vse skrbi glede smrti odveč, kot tudi skrbi za druge grešnike, da ti ne bi padli v večno smrt. Nikoli več ne boste trpeli zaradi grehov, zato tudi žalosti ne boste občutili. Na tem svetu stokate, ko vas prevzame žalost. Medtem pa v nebesih ni potrebe po stokanju, saj tam ni nobenih bolezni ali skrbi. V nebesih vlada samo večna sreča.

2. Reka žive vode

V nebesih se pretaka reka žive vode, ki je čista in bleščeča kakor kristal. Razodetje 22:1-2 nam pomaga dobiti predstavo o tej reki, po kateri teče voda življenja.

Nato mi je pokazal reko žive vode, bleščečo kakor kristal, ki je izvirala od prestola Boga in Jagnjeta. Po sredi njegove ulice in na obeh straneh reke pa raste drevo življenja, ki dvanajstkrat rodi in daje svoj sad vsak mesec. Listje tega drevesa je zdravilo narodom.

Nekoč sem plaval v zelo jasnem morju Pacifika. Voda je bila tako čista, da sem lahko opazoval rastline in ribe. Bilo je zares čudovito in bil sem nadvse vesel. Tudi na tem svetu ob pogledu na jasno morje začutite, kako se vaše srce očiščuje in poživlja. Zdaj pa si predstavljajte, koliko bolj srečni boste potem šele v nebesih, kjer teče reka žive vode, ki je čista kakor kristal!

Reka žive vode

Tudi na tem svetu se ob pogledu na čisto morje svetloba odbija na valovih in ustvarja prekrasen sijaj. Reka žive vode v nebesih je od daleč videti modre barve, od blizu pa je tako čista, čudovita in jasna, da jo lahko mirno označite za „bleščečo kakor kristal."

Toda zakaj potem reka žive vode izvira iz Božjega prestola in Jagnjeta? Z duhovnega vidika se voda nanaša na Božjo besedo, ki je hrana življenja in po kateri lahko pridobite večno življenje. V Janezu 4:14 Jezus pravi: *„Kdor pa bo pil od vode, ki mu jo bom Jaz dal, ne bo nikoli žejen, ampak bo voda, katero mu bom dal, postala v njem izvir vode, ki teče v večno življenje."* Božja beseda je voda večnega življenja, ki vam daje življenje, in zato reka žive vode izvira iz Božjega prestola in Jagnjeta.

In kakšen okus ima ta živa voda oziroma voda življenja? Njen okus je bolj sladek kot vse, kar ste kdajkoli okusili na tem svetu, in ob zaužitju te vode boste nemudoma napolnjeni z energijo. Bog je dal vodo življenja vsem ljudem, a po Adamovem padcu je padlo prekletstvo nad vodo in vsemi drugimi rečmi tega sveta. Od takrat naprej ljudje tega sveta ne moremo okusiti vode življenja. Okusili jo bomo lahko šele ob odhodu v nebesa. Ljudje danes pijejo onesnaženo vodo in hrepenijo po umetnih napitkih kot so gazirane pijače. Hkrati pa velja, da voda na tej zemlji ne daje večnega življenja. To moč ima samo nebeška voda življenja oziroma Božja beseda. Ta voda je slajša od medu in daje moč vašemu duhu.

Reka teče po vseh nebesih

Reka žive vode, ki izvira iz Božjega prestola in Jagnjeta, je enaka krvi, ki s kroženjem po telesu ohranja življenje. Reka tako zaokroži celotna nebesa in se izteka nazaj k Božjemu prestolu. Vendar zakaj teče po sredi ulice čez celotna nebesa?

Prvič – reka žive vode predstavlja najlažjo pot do Božjega prestola. Da bi prišli do Novega Jeruzalema, kjer se nahaja Božji prestol, morate samo slediti cesti iz čistega zlata, ki poteka na obeh straneh reke.

Drugič – Božja beseda skriva ključ do nebes, kamor lahko vstopite samo takrat, kadar ji sledite. Kot pravi Jezus v Janezu 14:6: „Jaz sem pot, resnica in življenje. Nihče ne pride k Očetu drugače kot po Meni," Božja beseda resnice skriva pot do nebes. Če se ravnate po Božji besedi, boste odšli v nebesa, kjer teče reka žive vode oziroma Božja beseda.

Zato je Bog ustvaril nebesa na tak način, da vas reka žive vode popelje naravnost v Novi Jeruzalem, kjer stoji Božji prestol.

Puščave iz zlata in srebra

Kaj se razteza na straneh reke žive vode? Najprej lahko opazite prostrane puščave iz zlatega in srebrnega peska. Nebeški pesek je okrogel in tako mehak, da se nikoli ne prime na oblačila, četudi močno pritisnete nanj.

Tam je tudi cela vrsta udobnih klopi, okrašenih z zlatom in dragulji. Ko sedete na klop z vašimi dragimi prijatelji in se zatopite v pogovor, prihitijo prekrasni angeli in vam postrežejo.

Na tej zemlji obožujemo angele, a v nebesih vas bodo angeli

klicali „gospodar" in vam stregli po vaših željah. Če si zaželite sadja, vam bo angel nemudoma prinesel sadje v košari, okrašeni z dragulji in čudovitim cvetjem.

Na obeh straneh reke se bohoti tudi prečudovito cvetje različnih barv, kot tudi ptice, žuželke in številne živali. Angeli vam strežejo kot gospodarju in z njimi delite ljubezen. Kako lepa in čudovita so ta nebesa, po katerih se pretaka reka žive vode!

Na obeh straneh reke raste drevo življenja

Razodetje 22:1-2 podrobno opisuje drevo življenja, ki raste na obeh straneh reke žive vode.

Nato mi je pokazal reko žive vode, bleščečo kakor kristal, ki je izvirala od prestola Boga in Jagnjeta. Po sredi njegove ulice in na obeh straneh reke pa raste drevo življenja, ki dvanajstkrat rodi in daje svoj sad vsak mesec. Listje tega drevesa je zdravilo narodom.

Zakaj je Bog zasadil drevo življenja na obeh straneh reke?
V glavnem je Bog želel, da bi vsi Njegovi otroci ob prihodu v nebesa občutili lepoto tamkajšnjega življenja. Prav tako jih je želel opomniti, da so skozi ravnanje po Božji besedi obrodili sad Svetega Duha, ravno tako kot so skozi trdo garanje in s potom na obrazu prišli do hrane.

Treba pa je vedeti eno stvar. „Obroditi dvanajst sadov" tukaj ne pomeni, da eno samo drevo rodi vseh dvanajst sadov, pač pa je tam dvanajst različnih dreves, od katerih vsako rodi enega od sadov. Sveto pismo nas uči, da dvanajst plemen Izraela izhaja iz dvanajstih Jakobovih sinov in da je bil Izrael ustanovljen na osnovi teh dvanajstih plemen. To je bil tudi povod, da so številne države po svetu sprejele krščanstvo. Jezus je prav tako izbral dvanajst učencev, skozi katere se je evangelij prenesel na vse države tega sveta. Dvanajst sadov drevesa življenja potemtakem simbolizira, da lahko vsak človek — dokler sledi veri — obrodi sad Svetega Duha in stopi v nebesa.

Ob uživanju čudovitega in barvitega sadu drevesa življenja se boste počutili poživljeni in srečni. Prav tako bo utrgani sad nemudoma nadomeščen z novim sadom in tako bo drevo ves čas polno. Listje drevesa življenja je temno zelene bleščeče barve in bo takšno ostalo za vedno, saj ga nihče ne zaužije in nikoli ne pade z drevesa. Ti zeleni in bleščeči listi so precej večji od drevesnih listov na tem svetu, in tudi rastejo na zelo usklajen način.

3. Prestol Boga in Jagnjeta

Razodetje 22:3-5 opisuje kraj v osrčju nebes, kjer se nahaja prestol Boga in Jagnjeta.

> *Nobenega prekletstva ne bo več. V njem bo prestol Boga in Jagnjeta, ki mu bodo služili Njegovi služabniki. Gledali bodo Njegovo obličje in Njegovo ime bo na njihovih čelih. Noči ne bo več in ne bodo potrebovali ne luči svetilke ne sončne luči, kajti razsvetljeval jih bo Gospod Bog in kraljevali bodo na veke vekov.*

Prestol se nahaja v osrčju nebes

Nebesa so neskončen kraj, kjer vlada Bog z ljubeznijo in pravičnostjo. Novi Jeruzalem se nahaja v središču nebes, kjer najdemo tudi prestol Boga in Jagnjeta. Jagnje se tukaj nanaša na Jezusa Kristusa (Eksodus 12:5; Janez 1:29; 1 Peter 1:19). Bog večinoma biva v drugem kraju, kamor lahko stopijo le redki. Ta kraj se ne nahaja v isti dimenziji kot Novi Jeruzalem in tudi tukaj stoji Božji prestol, ki pa je še veliko lepši in svetlejši od tistega v Novem Jeruzalemu.

Božji prestol v Novem Jeruzalemu predstavlja kraj, kamor se Bog spusti, kadar Njegovi otroci častijo ali prirejajo bankete. Razodetje 4:2-3 opisuje Boga, kako sedi na Svojem prestolu.

V hipu me je navdal Duh. In glej, v nebesih je stal prestol in na prestolu je sedèl Nekdo. Sedeči je bil na pogled podoben kamnu jaspisu in sardiju, vsenaokrog prestola pa se je pela mavrica, na oko podobna smaragdu.

Okrog prestola sedi štiriindvajset starešin, oblečenih v bela oblačila in z zlatimi venci na glavah. Pred prestolom stoji sedem Božjih duhov ter stekleno morje, podobno kristalu. Sredi pred prestolom in okrog njega stojijo štiri živa bitja ter množica angelov in nebeške vojske.

Božji prestol je prav tako obsijan z lučmi. Prestol je tako čudovit, osupljiv, veličasten in ogromen, da presega meje človekovega razumevanja. Na desni strani prestola Boga stoji prestol Jagnjeta – našega Gospoda Jezusa, ki se razlikuje od

Božjega, četudi ima troedini Bog — Oče, Sin in Sveti Duh — enako srce, značaj in moč.

Nadaljnje podrobnosti o Božjem prestolu vam bodo pojasnjene v drugem delu knjige Nebesa s podnaslovom „Polna Božje slave."

Brez dneva in brez noči

Bog sedi na prestolu, obsijanem s sveto in prekrasno lučjo slave, ter vlada nad nebesi in vesoljem z ljubeznijo in pravičnostjo. Prestol Boga se nahaja v središču nebes in ob njem stoji prestol Jagnjeta, ki je prav tako obsijan z lučjo slave. Ravno zato nebesa ne potrebujejo sonca, lune, elektrike ali kateregakoli drugega vira svetlobe, ki bi sijal nad prestol. V nebesih ni dneva in ne noči.

Pismo Hebrejcem 12:14 nas opominja: „*Prizadevajte si za mir z vsemi in za posvečenost. Brez nje nihče ne bo videl Gospoda.*" In Jezus v Mateju 5:8 obljublja: „*Blagor čistim v srcu, kajti Boga bodo gledali.*"

Tisti verniki, ki se očistijo vse hudobije v svojem srcu in v celoti izpolnjujejo Božjo besedo, bodo videli obličje Boga. Do te mere, do katere bodo podobni Gospodu, bodo verniki blagoslovljeni na tem svetu, prav tako pa bodo ob vstopu v nebesa živeli bliže Božjemu prestolu.

Kako srečni bodo ljudje, ko bodo videli Božje obličje, Mu služili in z Njim delili ljubezen na vse veke! Pri tem pa velja, da tako kot zaradi močne svetlobe ne morete zreti v sonce, tako tisti, ki ne odsevajo srca Gospodovega, ne morejo videti Boga.

Večna sreča v nebesih

V nebesih lahko uživate resnično srečo pri slehernem početju, kajti prav to je tisto največje darilo, ki ga je Bog z ljubeznijo pripravil za Svoje otroke. Angeli bodo stregli Božjim otrokom, kot pravi Pismo Hebrejcem 1:14: „*Mar niso vsi ti le duhovi, ki opravljajo službo in so poslani, da strežejo zaradi tistih, ki bodo dediči odrešenja?*" Ker pa imajo ljudje različne mere vere in jih krasi različna podobnost Bogu, se bodo razlikovale tudi njihove hiše in število angelov.

Angeli jim bodo stregli kakor princem in princesam, saj bodo brali misli svojih gospodarjev in jim pripravili vse, kar si bodo zaželeli. Tudi živali in rastline ljubijo in strežejo Božjim otrokom. Živali v nebesih so brezpogojno poslušne Božjim otrokom. Občasno jih poskušajo tudi nasmejati, saj v sebi ne nosijo hudobije.

Kaj pa rastline? Vsako rastlino krasi čudovit in edinstven vonj, ki ga oddajajo vsakič, ko se jim približa kateri od Božjih otrok. Cvetje oddaja najprijetnejši vonj, ki se širi daleč naokrog in ga nikoli ne zmanjka.

Prav tako imajo sadovi dvanajstih dreves življenja vsak svoj značilen okus. Ko boste poduhali vonj cvetja ali jedli z drevesa življenja, se boste počutili tako poživljeni in srečni, da tega ni mogoče primerjati z ničemer na tem svetu.

Poleg tega se nebeške cvetlice za razliko od zemeljskih smehljajo, kadar jim pristopi Božji otrok. Pogosto celo zaplešejo za svoje gospodarje in ljudje se lahko z njimi zatopijo v pogovor. Četudi nekdo utrga cvetlico, ta ne bo poškodovana ali žalostna, temveč bo z Božjo močjo nemudoma obnovljena.

Utrgana cvetlica bo splahnela v zrak in izginila. Tudi sadovi, ki jih ljudje zaužijejo, bodo raztopljeni v čudovite vonjave in izpuhteli skozi dihanje.

Nebesa imajo štiri letne čase in ljudje lahko uživajo ob spremembah okolja. Ljudje občutijo Božjo ljubezen in uživajo posebne značilnosti posameznih letnih časov: pomladi, poletja, jeseni in zime. Morda se boste vprašali: „Ali bomo v nebesih ravno tako trpeli poletno vročino in zimski mraz?" Vendar nebeško vreme ves čas ohranja najbolj idealne pogoje za življenje Božjih otrok, zato nikoli ne bodo trpeli za vročino ali mrazom. Duhovna telesa namreč sploh ne občutijo ekstremne vročine in mraza, tako da v nebesih zagotovo nihče ne bo trpel zaradi vremena.

Na jesen lahko Božji otroci uživajo ob padanju prekrasnega listja, pozimi pa obožujejo beli sneg. Nebeška lepota je veliko lepša kot karkoli na zemlji in Bog je tam ustvaril štiri letne čase ravno zato, da bi dal Svojim otrokom vedeti, da je v nebesih vse poskrbljeno za njihovo dobro počutje. Hkrati pa to služi tudi kot primer Njegove ljubezni, saj si Bog želi osrečiti Svoje otroke, ki pogrešajo to našo zemljo, kjer so bili vzgajani, dokler niso postali pravi Božji otroci.

Nebesa se nahajajo v štiridimenzionalnem svetu, ki je neprimerljiv z našim svetom. Ta svet je poln Božje ljubezni in moči in v njim se odvija neskončna vrsta dogodkov in aktivnosti, ki si jih ljudje še predstavljati ne znajo. O tem večnem srečnem življenju vernikov v nebesih boste več izvedeli v 5. poglavju.

V nebesa lahko stopijo samo tisti, katerih imena so zapisana v knjigi življenja Jagnjeta. Kot opisuje Razodetje 21:6-8, kdor pije vodo življenja in postane Božji otrok, ta bo podedoval Božje kraljestvo.

Nato mi je rekel: „Zgodile so se! Jaz sem Alfa in Omega, začetek in konec. Žejnemu bom dal zastonj od izvirka žive vode. Kdor bo zmagal, bo to podedoval in jaz bom njemu Bog, on pa Meni sin. Toda strahopetci in neverniki, pokvarjenci in ubijalci, nečistniki in čarovniki, malikovalci in vsi lažnivci bodo dobili svoj delež v jezeru gorečega žvepla. To je druga smrt."

Strah pred Bogom in izpolnjevanje Njegovih zapovedi sta bistveni človekovi dolžnosti (Pridigar 12:13). Če se potemtakem ne bojite Boga ali prelomite Njegovo besedo in še naprej zavestno grešite, potem ne morete stopiti v nebesa. Neverniki, pokvarjenci in ubijalci, nečistniki in čarovniki in malikovalci, ki hodijo onkraj zdravega razuma, zagotovo ne bodo odšli v nebesa. Ignorirali so Boga, služili demonom in verovali v tuje bogove ter tako sledili sovražniku hudiču in Satanu.

Prav tako tisti, ki lažejo Bogu, Ga varajo, ter govorijo in preklinjajo Svetega Duha, nikoli ne bodo videli nebes. Kot sem pojasnil v knjigi Pekel, bodo ti ljudje trpeli večno kazen v peklu.

Zato molim v imenu Gospoda, da ne bi zgolj sprejeli Jezusa Kristusa in si izborili pravice Božjega otroka, temveč da boste sledili Božji besedi in uživali večno srečo v čudovitih nebesih, ki so bleščeča kakor kristal.

2. poglavje

Edenski vrt in nebeško čakališče

1. Edenski vrt, v katerem je živel Adam

2. Ljudje so vzgajani na tej Zemlji

3. Nebeško čakališče

4. Ljudje, ki ne ostajajo v čakališču

*GOSPOD Bog
je zasadil vrt proti vzhodu v Edenu
in je tja postavil človeka,
katerega je bil izoblikoval.
GOSPOD Bog je dal,
da je iz zemlje pognalo vsakovrstno drevje,
prijetno za pogled in dobro za jed,
tudi drevo življenja v sredi vrta
in drevo spoznanja dobrega in hudega.*

- Razodetje 2:8-9 -

Adam, prvi človek, ustvarjen od Boga, je živel v edenskem vrtu in kot živa duša komuniciral z Bogom. Toda po dolgem času je zagrešil greh neposlušnosti, saj je jedel z drevesa spoznanja dobrega in hudega, kar pa je Bog prepovedal. Posledično je njegov duh, gospodar človeka, umrl. Izgnan je bil iz edenskega vrta in poslan na to zemljo. Duhova Adama in Eva sta tako umrla in njuna komunikacija z Bogom je bila prekinjena. Kako močno sta morala pogrešati Eden, medtem ko sta živela na tej prekleti zemlji!

Vsevedni Bog je seveda vnaprej vedel za Adamovo neposlušnost, zato je pripravil Jezusa Kristusa in ob pravem času odprl vrata odrešenja. Vsakdo, ki je rešen po veri, bo tako podedoval nebesa, ki jih ni moč primerjati niti z edenskim vrtom.

Potem ko je Jezus vstal in odšel v nebesa, je tam ustvaril čakališče in v njem bivališča, kjer lahko bivajo rešeni ljudje vse do sodnega dne. No, pa si oglejmo edenski vrt in čakališče, ki nam bosta pomagala bolje razumeti nebesa.

1. Edenski vrt, v katerem je živel Adam

Geneza 2:8-9 lepo opisuje edenski vrt, kjer sta nekoč živela Adam in Eva, prvi mož in prva žena, ki sta bila ustvarjena od Boga.

GOSPOD Bog je zasadil vrt proti vzhodu v Edenu in je tja postavil človeka, katerega je bil izoblikoval.

GOSPOD Bog je dal, da je iz zemlje pognalo vsakovrstno drevje, prijetno za pogled in dobro za jed, tudi drevo življenja v sredi vrta in drevo spoznanja dobrega in hudega.

Edenski vrt je bil kraj, namenjen živi duši Adamu, zato je moral biti postavljen nekje v duhovnem svetu. Toda kje je potem danes ta edenski vrt, dom prvega človeka Adama?

Lokacija edenskega vrta

Bog pogosto omenja „nebo" v Svetem pismu, in sicer zato, da bi vam dal vedeti, da obstajajo kraji v duhovnem svetu onkraj oblakov, katere lahko vidite s prostimi očmi. Besedo „nebo" je uporabil zato, da bi ljudje znali ločiti kraje, ki pripadajo duhovnemu svetu.

Glej, GOSPODU pripadajo nebo in nebes nebesa in zemlja in vse, kar je na njej (Devteronomij 10:14).

On je naredil zemljo s Svojo močjo, utemeljil svet s Svojo modrostjo in s Svojo razumnostjo razpel nebo (Jeremija 10:12).

Hvalite Ga, nebes nebesa, ve vode, ki ste nad nebom! (Psalmi 148:4)

Zatorej morate razumeti, da „nebo" ne pomeni le neba, ki ga vidite s prostimi očmi, ampak gre za prva nebesa, kjer se nahajajo sonce, luna in zvezde; ter druga in tretja nebesa, ki so del duhovnega sveta. V 12. poglavju Drugega pisma Korinčanom apostol Pavel govori o tretjih nebesih, ki se razprostirajo vse od raja do Novega Jeruzalema.

Apostol Pavel je obiskal raj, kjer se zbirajo tisti z najmanjšo mero vere in ki je najbolj odmaknjeni kraj od Božjega prestola. Tam je Pavel spoznal skrivnosti nebes, a je kljub temu dejal, da gre za „stvari, ki jih človeku ni dovoljeno oznanjati." In kakšen duhovni svet so potem druga nebesa? Povsem drugačen od tretjih nebes in tudi edenskega vrta. Večina ljudi je bila mnenja, da se edenski vrt nahaja na tej naši zemlji. Veliko svetopisemskih učenjakov in raziskovalcev je nadaljevalo z arheološkim izkopavanjem na območju Mezopotamije in zgornjih potokov rek Tigris in Evfrat na Bližnjem vzhodu. A do danes niso odkrili ničesar. Ljudje ne odkrijejo edenskega vrta na tej zemlji zato, ker se ta nahaja v drugih nebesih, ki so del duhovnega sveta.

Druga nebesa so tudi kraj za zli duhove, ki so bili po Luciferjevem uporu izgnani iz tretjih nebes. Geneza 3:24 pravi: *„Izgnal je človeka in postavil vzhodno od edenskega vrta kerube in meč, iz katerega je švigal ogenj, da bi stražili pot do drevesa življenja."* Bog je to storil zato, da bi zlim duhovom preprečil doseči večno življenje, s tem ko bi vstopili v edenski vrt in jedli z drevesa življenja.

Vrata edenskega vrta

Treba je razumeti, da se druga nebesa nahajajo nad prvimi nebesi, in tretja nebesa nad drugimi nebesi. Obenem pa z razumevanjem in poznavanjem tridimenzionalnega sveta ni mogoče razumeti prostora štiridimenzionalnega sveta. Kako so potem strukturirana vsa ta nebesa? Vidni tridimenzionalni svet in nevidni duhovni svet sta na videz ločena, a sta hkrati povezana in se prepletata. Obstajajo pa tudi vrata, ki povezujejo tridimenzionalni in duhovni svet.

Čeprav jih ne morete videti, vrata povezujejo prva nebesa in edenski vrt v drugih nebesih. Spet druga vrata pa vodijo v tretja nebesa. Ta vrata pa niso postavljena visoko na nebu, temveč praviloma v višini oblakov, ki jih lahko občudujete med letom z letalom.

Sveto pismo pogosto opisuje nebeška vrata (Geneza 7:11; 2 Kralji 2:11; Luka 9:28-36; Apostolska dela 1:9; 7:56). Ko se odprejo nebeška vrata, lahko potujete med različnimi nebesi duhovnega sveta, in kdor je rešen po veri, lahko vstopi v tretja nebesa.

Enako velja za Hades in pekel, ki ravno tako pripadata duhovnemu svetu, zato tudi zanju obstajajo vrata. Ljudje brez vere so ob smrti poslani v Hades, ki pripada peklu, ali pa gredo skozi vrata neposredno v pekel.

Duhovne in fizične dimenzije soobstajajo

Edenski vrt, ki pripada drugim nebesom, se nahaja v duhovnem svetu, ki pa je drugačen od duhovnega sveta tretjih nebes. Druga nebesa namreč soobstajajo s fizičnim svetom.

Povedano drugače, edenski vrt predstavlja vmesno točko med fizičnim in duhovnim svetom. Prvi človek Adam je bil živa duša, a je še vedno nosil fizično telo iz zemeljskega prahu. Adam in Eva sta tako rodila veliko otrok v edenskem vrtu (Geneza 3:16).

Tudi ko je prvi človek Adam jedel z drevesa spoznanja dobrega in hudega ter bil izgnan na ta svet, so njegovi otroci ostali v edenskem vrtu in tam živijo še danes kot nesmrtne žive duše. Edenski vrt je zelo spokojen kraj, kjer ni smrti in kjer vse poteka pod Božjo močjo ter Božjimi pravili in zapovedmi. Čeravno tam ni dneva in ne noči, Adamovi potomci po svoji narave vedo, kdaj je čas za aktivnosti, počitek in tako naprej.

Edenski vrt ima obenem tudi zelo podobne značilnosti kot naša zemlja. Napolnjen je s številnimi rastlinami, živalmi in insekti. Prav tako ga krasi neskončna in čudovita narava. Tam pa ni visokih gora, ampak samo nizki griči, na katerih se bohotijo hišam podobne zgradbe, v katerih pa ljudje ne živijo, ampak samo počivajo.

Počitnice za Adama in njegove otroke

Prvi človek Adam je dolgo obdobje živel v edenskem vrtu, kjer sta bila z Evo rodovitna in imela veliko otrok. Ker pa so bili Adam in njegovi otroci žive duše, so lahko prosto stopili skozi vrata drugih nebes in kadarkoli obiskali našo zemljo.

Adam je s svojimi otroki dolgo časa redno počitnikoval na zemlji, kar nam daje jasno vedeti, da je zgodovina človeštva zelo dolga. Nekateri mešajo to zgodovino s šest tisoč letnim obdobjem človeške vzgoje in zato ne verujejo v Sveto pismo.

Toda, če pozorno raziščete starodavne civilizacije, vam bo hitro postalo jasno, da so Adam in njegovi otroci nekoč pogosto obiskovali to našo zemljo. Piramide in sfinge v Gizi so lep primer zapuščine Adama in njegovih otrok, ki so živeli v edenskem vrtu. Tovrstne znamenitosti, ki jih najdemo po vsem svetu, so bile namreč zgrajene s pomočjo tako napredne znanosti in tehnologije, ki ju še danes nismo sposobni posnemati.

Piramide denimo skrivajo čudovite matematične izračune ter geometrijsko in astronomsko znanje, ki ga lahko najdete in razumete samo z naprednimi študijami. Vse te skrivnosti boste doumeli šele takrat, ko boste poznali naravni red vesolja in natančno lego konstelacij. Nekateri ljudje smatrajo te skrivnostne starodavne civilizacije kot dokaz za obstoj zunajzemeljskih bitij, vendar Sveto pismo skriva vse odgovore na tovrstna vprašanja, na katera ne zna odgovoriti niti sodobna znanost.

Zapuščina edenske civilizacije

Adam je v edenskem vrtu posedoval nepredstavljivo razsežnost znanja in spretnosti. Bog ga je namreč obdaril z resničnim znanjem in razumevanjem, ki se je skozi čas nakopičilo in še dodatno razvilo. In tako Adamu, ki je vedel vse o vesolju in si je podvrgel zemljo, ni bilo težko zgraditi piramide in sfinge. Ker je znanje pridobil neposredno od Boga, je prvi človek Adam vedel tudi stvari, ki jih še danes ne poznamo in ne razumemo niti ob pomoči sodobne znanosti.

Določene piramide so rezultat Adamovega znanja in spretnosti, nekatere druge so zgradili njegovi otroci, spet druge pa prebivalci te zemlje, ki so si dlje časa prizadevali posnemati Adamovo delo. Za vse te piramide pa so značilne velike tehnološke razlike, saj je samo Adam imel od Boga dano oblast, da si je lahko podvrgel vso naravo.

Adam je dolgo živel v edenskem vrtu in občasno obiskal to

zemljo, a naposled je zagrešil greh neposlušnosti in bil izgnan iz edenskega vrta. Toda Bog še nekaj časa po tem ni zaprl vrat med zemljo in edenskim vrtom.

Adamovi otroci, ki so še naprej živeli v edenskem vrtu, so tako lahko prosto obiskovali zemljo in ko so videli, da so človeške hčere lepe, so jih jemali za žene (Geneza 6:1-4).

Šele tedaj je Bog zaprl vrta, ki so povezovala zemljo in edenski vrt. A tudi to ni v celoti ustavilo prometa med zemljo in edenskim vrtom, pač pa je bil ta postavljen pod strog nadzor. Potrebno se je zavedati, da je večina skrivnostnih in nepojasnjenih starodavnih civilizacij zapuščina Adama in njegovih otrok, ki so jo za seboj pustili iz časa, ko so lahko prosto obiskovali zemljo.

Zgodovina človeka in dinozavrov na Zemlji

Kako to, da so dinozavri živeli na tej zemlji, a nenadoma izumrli? Tudi to je eden od pomembnih dokazov, ki priča o tem, kako daleč dejansko sega zgodovina človeštva. Gre za skrivnost, ki jo je moč rešiti samo s Svetim pismom.

Bog je pravzaprav dinozavre postavil v edenski vrt. Bili so nežna bitja, a so bili izgnani na to zemljo, potem ko so se ujeli v Satanovo zanko. To se je zgodilo v obdobju, ko je Adam lahko prosto potoval med zemljo in edenskim vrtom. Tako so dinozavri na tej zemlji morali kar naenkrat nenehno iskati hrano. Za razliko od edenskega vrta, kjer je bilo vsega v izobilju, ta zemlja preprosto ni ponujala dovolj hrane za ogromna telesa dinozavrov. Pojedli so vso sadje, rastline in žitarice ter se začeli prehranjevati z živalmi. Kmalu bi tako uničili okolje in prehranjevalno verigo, zato je Bog ukrepal in jih pokončal z ognjem od zgoraj.

Danes veliko raziskovalcev meni, da so dinozavri zelo dolgo obdobje živeli na tej zemlji. Trdijo, da naj bi ti kraljevali kar sto šestdeset milijonov let. Nobena trditev pa ne pojasnjuje, kako se je v tako kratkem času pojavilo tolikšno število dinozavrov in kako so tako nenadoma izginili. Sploh pa – s čim naj bi se dinozavri prehranjevali, če so resnično šli skozi tako dolgo evolucijsko obdobje?

Teorija evolucije pravi, da je pred pojavitvijo dinozavrov naš planet gostil celo vrsto nižje razvitih živih bitij, o katerih pa nimamo niti enega samega dokaza. V splošnem določena vrsta ali družina živali izumre tako, da skozi čas njena populacija upade in nazadnje v celoti izgine. Vendar dinozavri so izginili povsem nenadoma.

Učenjaki in raziskovalci menijo, da je temu botrovala nenadna sprememba vremena, virus, sevanje od eksplozije bližnje zvezde ali pa celo trk velikega meteorita v zemljo. Toda če bi tovrstna katastrofa pokončala vse dinozavre, potem bi morale hkrati izginiti tudi vse druge živalske in rastlinske vrste. Tako pa so te rastline, ptice, sesalci in druge vrste še danes žive. Realnost torej nikakor ne podpira teorije evolucije.

Adam in Eva sta že pred pojavitvijo dinozavrov živela v edenskem vrtu in občasno obiskovala zemljo. In zavedati se morate, da je zgodovina našega planeta zelo dolga. Več o tem lahko izveste v moji pridigi z naslovom „Predavanja na temo Geneze." Od tod naprej pa bi se rad osredotočil na čudovito naravo edenskega vrta.

Čudovita narava edenskega vrta

Udobno ležite na travnati planjavi, polni mladih dreves in cvetja, ter vpijate sončne žarke, ki nežno božajo vaše telo, medtem ko zrete v modro nebo, na katerem plovejo beli oblaki, ki tvorijo različne oblike in vzorce.

Bleščeče jezero odseva svojo lepoto po čudovitem pobočju in boža vas nežen vetrič s sladkim vonjem cvetja. Zatopite se lahko v čudovit pogovor z vašimi ljubljenimi in kar žarite od sreče. Včasih lahko poležavate na prostranih pašnikih ali kupu cvetja in uživate v prijetnem vonju le-tega. Umaknete se lahko tudi v senco drevesa, na katerem rastejo veliki in okusni sadeži, ki jih lahko uživate po mili volji.

Jezero in morje sta polna različnih pisanih rib. Če se vam zahoče, lahko obiščete bližnjo plažo in uživate v osvežujočih valovih ali na beli mivki, ki nežno odbija sončne žarke. Če želite, lahko tudi plavate kakor riba.

Obkrožajo in vedrijo vas ljubke srne, zajčki ali veverice s prekrasnimi lesketajočimi se očmi. Na prostrani planjavi se v miru igrajo številne živali.

Takšen je edenski vrt, kjer vladata spokojna tišina in radost. Večina ljudi tega sveta bi gotovo rada vsaj za trenutek zapustila svoja naporna življenja in doživela tovrsten mir in spokoj.

Bogato življenje v edenskem vrtu

Prebivalci edenskega vrta lahko jedo in se zabavajo, kolikor si želijo, pri čemer jim ni potrebno za nič garati. Med njimi ni nobenih skrbi ali tesnobe, temveč samo radost, veselje in spokojnost. Ker vse poteka pod Božjimi pravili in zapovedmi, tamkajšnji ljudje uživajo večno življenje, četudi jim ni bilo potrebno za nič garati.

Edenski vrt si deli večino značilnosti naše zemlje in ima potemtakem na las podobno okolje. A ker tam ni onesnaževanja ali propadanja, tamkajšnja narava ohranja čisto in čudovito podobo, za razliko od narave našega planeta.

Čeprav prebivalci edenskega vrta le redko nosijo oblačila, ne čutijo nobenega sramu in ne prešuštvujejo, saj nimajo grešne narave in njihova srca ne skrivajo nobene hudobije. Na nek način so kakor novorojenčki, ki se goli igrajo in zabavajo, neozirajoč se na mnenja in govorice drugih.

Že samo okolje edenskega vrta spodbuja goloto, zato ljudje ne čutijo nikakršnega nelagodja. Predstavljajte si to lepoto in svobodo v kraju, kjer ni trnja ali škodljivih insektov, ki bi škodovali vaši koži.

Nekateri ljudje pa vendarle nosijo oblačila. Gre predvsem za voditelje posameznih skupin. V edenskem vrtu je namreč potrebno spoštovati red in pravila. Na čelu vsake skupine je voditelj, kateremu sledijo vsi člani. Za razliko od članov voditelji nosijo oblačila, vendar samo v namen prepoznavnosti, ne da bi se zakrili, zaščitili ali okrasili.

Geneza 3:8 omenja spremembo temperature v ozračju edenskega vrta: *„Zaslišala sta glas GOSPODA Boga, ki je ob dnevnem vetriču hodil po vrtu. Človek in njegova žena sta se skrila pred GOSPODOM Bogom sredi drevja v vrtu."* To nam daje vedeti, da prebivalci edenskega vrta čutijo hlad, vendar pa to ne pomeni, da se potijo ob peklensko vročih dneh ali nenadzorovano drgetajo ob hladnih dneh, tako kot je to primer na naši zemlji.

Edenski vrt ima ves čas najbolj prijetno temperaturo, vlažnost in veter. Tamkajšnje vreme tako ne povzroča nobenega nelagodja.

Edenski vrt pa ne pozna dneva in noči, ampak je ves čas obsijan s svetlobo Boga Očeta, zato je občutek vedno kot podnevi. Ljudje imajo tudi čas za počitek, ki ga običajno naznani sprememba temperature ozračja. Na ta način ločijo čas za počitek od časa za aktivnosti.

Ta sprememba temperature pa nikakor ne predstavlja drastične spremembe, ki bi pri ljudeh vzbudila nenaden občutek vročine ali mraza, temveč jih zgolj nežen vetrič spodbudi k počitku.

2. Ljudje so vzgajani na Zemlji

Edenski vrt je tako širok in velik, da si ga je nemogoče predstavljati. Pravzaprav je okrog milijardokrat večji od zemlje. Že prva nebesa, kjer ljudje živijo zgolj kakšnih sedemdeset ali osemdeset let, se zdijo neskončna, saj se raztezajo od našega sončnega sistema pa vse do daljnih galaksij. Koliko večji je potemtakem šele edenski vrt, kjer se ljudje množijo, ne da bi poznali smrt?

Istočasno pa edenskega vrta navkljub vsej njegovi lepoti, izobilju in velikosti nikakor ne gre primerjati s katerimkoli krajem v nebesih. Celo raj, ki predstavlja nebeško čakališče, je veliko lepši in srečnejši kraj. Večno življenje v edenskem vrtu se močno razlikuje od večnega življenja v nebesih.

Velja si torej zapomniti, da boste samo skozi preučevanje

Božjega načrta in Adamovega izgona iz edeneskega vrta resnično spoznali, kako se edenski vrt razlikuje od nebeškega čakališča.

Drevo spoznanja dobrega in hudega v edenskem vrtu

Prvi človek Adam je lahko jedel vse, kar si je zaželel, si podvrgel vso stvarstvo in živel večno v edenskem vrtu. Toda v Genezi 2:16-17 Bog človeku zapove naslednje: *„Z vseh dreves v vrtu smeš jesti, le z drevesa spoznanja dobrega in hudega nikar ne jej! Kajti na dan, ko bi jedel z njega, boš gotovo umrl."* Čeprav je Bog Adamu podaril svobodno voljo in veliko oblast, da si je lahko podvrgel vso zemljo, pa mu je kljub temu strogo prepovedal jesti z drevesa spoznanja dobrega in hudega. Edenski vrt je poln barvitih, čudovitih in slastnih sadov, ki jih ni mogoče primerjati s sadovi na tej zemlji. In vse te sadove je Bog izročil Adamu, da jih je ta lahko jedel po mili volji.

Edina izjema je bil sad drevesa spoznanja dobrega in hudega. To nam daje vedeti, da čeprav je Bog vnaprej vedel, da bo Adam jedel z drevesa spoznanja dobrega in hudega, ga ni kar prepustil grehu. Ta dogodek številni ljudje napačno razumejo, kajti če bi Bog želel z drevesom spoznanja preizkušati Adama, potem mu tega ne bi tako strogo prepovedal, saj se je vendar vnaprej zavedal Adamove neposlušnosti. Bog ni namerno zasadil drevesa spoznanja dobrega in hudega, zato da bi preizkušal Adama in ga na nek način speljal v greh.

Tako kot piše v Jakobovem pismu 1:13: *„Nihče, ki je preizkušan, naj ne govori: ,Bog me skuša.' Boga namreč zlo ne more skušati in Sam ne skuša nikogar."*

Čemu je potem Bog zasadil drevo spoznanja dobrega in hudega v edenskem vrtu?

Radost, zadovoljstvo in veselje smo sposobni čutiti zato, ker smo okusili nasprotna čustva, kot so žalost, bolečina in zaskrbljenost. Ravno tako se zavedate, da so dobrota, resnica in svetloba vse dobre reči, saj ste doživeli in dobro veste, da so hudobija, neresnica in tema nekaj slabega.

Če ne bi izkusili te relativnosti, potem v srcu ne bi dojeli prave ljubezni, dobrote in sreče, četudi bi slišali od drugih ljudi in poznali ta čustva.

Na primer – ali lahko nekdo, ki nikoli ni izkusil bolezni ali videl bolnega človeka, pozna bolečino, ki jo prinaša bolezen? Ta oseba se ne bo zavedala niti tega, da je zdravje nekaj relativno dobrega. Prav tako, če nekdo nikoli ni izkusil stiske ali srečal obubožanega človeka, kako dobro lahko potem pozna revščino? Tak posameznik — pa naj je še tako bogat — se ne bo zavedal, da je bogastvo nekaj dobrega. Če človek nikoli ni srečal revščine, ne bo iz srca hvaležen za svoj položaj.

Kadar se nekdo ne zaveda vrednosti svojega bogastva, obenem ne bo cenil sreče, ki jo uživa. V kolikor pa je posameznik izkusil bolečino, bolezen, žalost in revščino, takrat bo v svojem srcu hvaležen za vso srečo, ki jo prinašata zdravje in bogastvo. In prav iz tega razloga je Bog zasadil drevo spoznanja dobrega in hudega.

Adam in Eva, ki sta bila izgnana iz edenskega vrta, sta tako izkusila to relativnost ter dojela ljubezen in blagoslove, s katerimi ju je obdal Bog. Šele tedaj sta lahko postala prava Božja otroka, ki sta poznala resnično vrednost sreče in življenja.

Kljub temu pa Bog ni namenoma speljal Adama na to pot, temveč je Adam po lastni svobodni volji prekršil Božjo zapoved.

Bog je v Svoji lastni ljubezni in pravičnosti načrtoval vzgojo človeštva.

Božja previdnost pri vzgoji človeštva

Ko so bili ljudje izgnani iz Edena in so začeli vzgojo na tej zemlji, so morali izkusiti različna trpljenja, vključno s solzami, žalostjo, bolečino, boleznijo in smrtjo. Vse to jih je privedlo do prave sreče in uživanja večnega življenja v nebesih, za kar so bili neskončno hvaležni.

To, da nas je Bog skozi vzgojo človeštva naredil za Njegove prave otroke, je pokazatelj velike Božje ljubezni in previdnosti. Starši ne bodo mnenja, da je urjenje in občasno kaznovanje otrok potrata časa, če bo to obrodilo sadove in bodo njihovi otroci uspešni. In tudi otroci bodo potrpežljivo premagovali vse ovire, če bodo prepričani, da bodo nekoč nagrajeni z uspehom in slavo.

Če boste pomislili na srečo, ki vas čaka v nebesih, potem tudi vam ne bo težko prestati vzgoje na tej zemlji. Hvaležni boste, da lahko živite po Božji besedi in z velikim upanjem boste zrli po nebeški slavi.

Kdo bo potemtakem Bogu bolj pri srcu – tisti, ki so Mu resnično hvaležni, saj so izkusili veliko gorja na tej zemlji, ali tisti prebivalci edenskega vrta, ki ne znajo ceniti svoje sreče in obilja, četudi živijo v tako čudovitem in bogatem okolju?

Bog je vzgajal Adama, kateri je bil izgnan iz edenskega vrta, in vzgaja tudi njegove potomce na tej zemlji, da bi jih naredil za Svoje prave otroke. Ko bo ta vzgoja zaključena in ko bodo pripravljena bivališča v nebesih, takrat se bo vrnil Gospod. Kdor bo živel v nebesih, bo užival večno srečo, saj je že tisti najnižji predel nebes še vedno neprimerljivo lepši od edenskega vrta. Zato upoštevajte Božjo previdnost pri vzgoji človeštva ter si prizadevajte postati Njegovi pravi otroci, ki izpolnjujejo Njegovo besedo.

3. Nebeško čakališče

Adamovim potomcem je določeno enkrat umreti, nato pa pride velika sodba (Hebrejcem 9:27). Ker pa je človeški duh nesmrten, bodo poslani ali v nebesa ali v pekel. V nebesa oziroma pekel pa ne gredo neposredno, temveč bivajo v čakališču za vstop v nebesa oz. pekel. Kakšen kraj je potem to nebeško čakališče, kjer bivajo Božji otroci?

Ob koncu duh zapusti telo

Ob smrti osebe duh zapusti telo. Kdor se tega ne zaveda, bo ob smrti močno presenečen, ko bo zrl navzdol na svoje lastno telo, kako leži na postelji. Tudi če gre za vernika, kako nenavadno se bo počutil, ko bo njegov duh zapustil njegovo lastno telo?

Ob prehodu iz tridimenzionalnega v štiridimenzionalni svet je naenkrat vse povsem drugače. Vaše telo je peresno lahko in počutite se, kot bi leteli. Še vedno pa nimate pravice do neomejene svobode, navkljub ločitvi vašega duha od vašega telesa.

Tako kot ptičji mladički navkljub krilom ne morejo takoj vzleteti, tako tudi vi potrebujete določen čas za prilagoditev na duhovni svet in osvojitev osnovnih zakonitosti.

Kdor torej umre z vero v Jezusa Kristusa, je v spremstvu dveh angelov pospremljen v zgornje podzemlje, kjer mu preroki in angeli predstavijo življenje v nebesih.

Skozi branje Svetega pisma boste spoznali, da obstajata dve vrsti podzemlja. Očetje vere, kot sta Jakob in Job, pravijo, da se po smrti odpravljajo v podzemlje (Geneza 37:35; Job 7:9). Korah in njegovi privrženci, ki so nasprotovali Mojzesu, so se živi pogreznili v podzemlje (Numeri 16:33). 16. poglavje Lukovega evangelija opisuje priliko o bogatašu in revežu Lazarju, ki sta po smrti odšla v podzemlje, vendar ne v enako „podzemlje." Bogataš namreč trpi v ognju, medtem pa Lazar počiva daleč proč v Abrahamovem naročju. Eno je podzemlje za rešene ljudi, drugo pa podzemlje za pogubljene duše. Podzemlje, kjer so končali Korah, njegovi privrženci in bogataš, se imenuje Hades oziroma spodnje podzemlje, ki pripada peklu, medtem ko je Lazar končal v zgornjem podzemlju, ki pripada nebesom.

Tridnevni postanek v zgornjem podzemlju

V času Stare zaveze so rešeni ljudje čakali v zgornjem podzemlju. V 16. poglavju Lukovega evangelija revež Lazar počiva v Abrahamovem naročju, saj je bil ta zadolžen za vodenje zgornjega podzemlja. Odkar pa je Gospod vstal in odšel v nebesa, pa rešeni ljudje več ne bivajo v Abrahamovem naročju v zgornjem podzemlju, temveč tam ostajajo zgolj tri dni, nakar gredo h Gospodu v nebeško čakališče.

Kot pravi Jezus v Janezu 14:2, *„V hiši Mojega Očeta je veliko bivališč. Če bi ne bilo tako, ali bi vam rekel: Odhajam, da vam pripravim prostor?"* Že vse od vstajenja in vnebohoda naš Gospod pripravlja prostor za slehernega vernika. In odkar je začel tako pripravljati bivališča za Božje otroke, vsi rešeni ljudje ostajajo v nebeškem čakališču – nekje v raju.

Nekateri se sprašujejo, kako lahko v raju živi toliko rešenih ljudi, ki so živeli na zemlji vse od stvarjenja in do danes. Toda te skrbi so odveč. Naše osončje, kateremu pripada Zemlja, je zgolj majhna pika znotraj naše galaksije. Kako velika je potem naša galaksija? V primerjavi s celotnim vesoljem je pravzaprav kakor pika. In kako veliko je vesolje?

Poleg tega je naše vesolje le eno od mnogih, zato si je vse skupaj praktično nemogoče predstavljati. In če je že fizični svet tako velikanski, koliko večji je potem šele duhovni svet?

Nebeško čakališče

Kakšen kraj je potem to nebeško čakališče, kjer bivajo rešeni ljudje, potem ko so šli skozi tridnevno obdobje prilagajanja v zgornjem podzemlju?

Ljudje ob pogledu na čudovito pokrajino osupnejo, rekoč: „To je raj na Zemlji" ali „Tukaj je kot v edenskem vrtu!" Toda edenski vrt je neprimerljivo lepši od tega sveta. Tamkajšnji prebivalci živijo tako čudovita, sanjska življenja, polna sreče, miru in radosti. Lepota edenskega vrta pa je kljub temu zelo subjektivna. Ob vstopu v nebesa boste namreč nemudoma spremenili vaš pogled na edenski vrt.

Tako kot edenskega vrta ne gre primerjati z našo zemljo, tako tudi nebes ne gre primerjati z edenskim vrtom. Obstaja namreč temeljna razlika med srečo v edenskem vrtu, ki pripada drugim nebesom, in srečo v nebeškem čakališču v tretjih nebesih. Temu je tako, ker ljudje v edenskem vrtu niso pravi Božji otroci z obdelanimi in vzgojenimi srci.

Naj vam poskušam pojasniti na primeru. Pred izumom elektrike so Korejci uporabljali petrolejke. Te svetilke so oddajale veliko manj svetlobe kot sodobne svetilke, a so ponoči kljub temu predstavljale še kako dragocen pripomoček. No, vsaj dokler se ljudje niso naučili uporabljati elektriko. Takrat smo dobili električne svetilke. Kdor je bil navajen na petrolejke, je bil močno fasciniran nad električnimi svetilkami.

Če rečemo, da je ta zemlja obdana s popolno temo, povsem brez svetlobe, potem lahko edenski vrt označimo za kraj, kjer uporabljajo petrolejke, nebesa pa kraj, posejan z električnimi svetilkami. In tako kot se petrolejke povsem razlikujejo od električnih svetilk, tako se nebeško čakališče povsem razlikuje od edenskega vrta.

Čakališče na robu raja

Nebeško čakališče se nahaja na robu raja. Raj je kraj za tiste z najmanjšo mero vere in je najdlje oddaljen od Božjega prestola. Gre za izredno velik in prostran kraj.

Tisti, ki čakajo na obrobju raja, pridobivajo duhovno znanje od tamkajšnjih prerokov. Tako se poučijo o troedinemu Bogu, nebesih, zakonu duhovnega sveta, itd. To znanje ne pozna meja, zato tudi učenju ni konca. Kljub temu pa spoznavanje duhovnih stvari ni dolgočasno ali težavno, za razliko od nekaterih študij na tej zemlji. Več ko se naučite, bolj boste navdušeni in prosvetljeni.

Že na tej zemlji lahko ljudje s čistim in ponižnim srcem

komunicirajo z Bogom in si pridobijo duhovno znanje. Nekateri med njimi imajo odprte duhovne oči in lahko vidijo duhovni svet. Poleg tega nekateri dojemajo duhovne stvari skozi navdih Svetega Duha. Tako lahko spoznavajo vero ali pogoje za uslišanje njihovih molitev, kar jim pomaga že na tem fizičnem svetu izkusiti Božjo moč.

V kolikor razumete duhovne stvari in jih hkrati doživljate v tem fizičnem svetu, boste bolj polni energije in sreče. Koliko bolj radostni in srečni boste potem šele, če se vam ponudi priložnost za spoznavanje duhovnih stvari v nebeškem čakališču!

Novice s tega sveta

Kako ljudje živijo v nebeškem čakališču? Živijo v resničnem miru in čakajo na preselitev v njihove večne domove v nebesih. Uživajo v veliki sreči in radosti in ne manjka jim prav nič. Pri tem pa ne zapravljajo časa, temveč se vztrajno učijo od angelov in prerokov.

Med seboj izbirajo voditelje in živijo v urejeni skupnosti. Ker pa jim je prepovedano obiskovati zemljo, jih vselej zanima, kaj se tukaj dogaja. Ne zanimajo jih posvetne stvari, temveč stvari, ki so povezane z Božjim kraljestvom, kot denimo vprašanja: ‚Kako gre moji cerkvi? V kolikšni meri je moja cerkev izpolnila svojo od Boga dano dolžnost? Kako napreduje svetovno poslanstvo?'

In tako so zelo navdušeni ob novicah s tega sveta, ki jih slišijo od angelov ali prerokov, kateri lahko obiskujejo to zemljo.

Nekoč mi je Bog pokazal skupino nekdanjih članov moje cerkve, ki danes bivajo v čakališču v nebesih. Molili so vsak na svojem mestu in čakali na novice o moji cerkvi. Še posebej jih zanima naloga, ki je bila zaupana moji cerkvi in ki zajema svetovno poslanstvo in izgradnjo mogočnega svetišča. Dobre novice jih vselej močno razveselijo. Kadar slišijo o poveličanju Boga na naših shodih za ozdravljenje v tujih državah, od navdušenja in zadovoljstva vselej priredijo festival.

Tako ljudje v nebeškem čakališču preživljajo srečne in zabavne trenutke, pri čemer jih občasno razveselijo novice s tega sveta.

Strog duhovni red v nebeškem čakališču

Ljudje z različno mero vere, ki bodo po sodnem dnevu vstopili v različne kraje znotraj nebes, danes bivajo v nebeškem čakališču, kjer vlada strog red. Ljudje s šibko vero se klanjajo tistim z večjo mero vere in jim tako izkazujejo spoštovanje. Duhovne ureditve pa ne določa položaj, ki so ga posamezniki zasedali na tem svetu, temveč stopnja posvečenosti in predanosti k njihovim od Boga danim nalogam.

Na ta način se ohranja strog red in nihče se ne more pritoževati, saj je vsak vernik obsijan z različno močno svetlobo in zaseda položaj v skladu z njegovo mero pravičnosti, dobrote in ljubezni. V nebesih vsak upošteva duhovni red, kajti rešene duše ne poznajo hudobije.

Namen duhovnega reda in različnih stopenj veličastva pa ni vzpostavitev nekakšne prisilne poslušnosti, temveč je to rezultat ljubezni in spoštovanja, ki izvirata iz dobrih in iskrenih src. Prebivalci nebeškega čakališča tako spoštujejo vse tiste, ki so po srcu nad njimi, zato se jim klanjajo, saj že po sami naravi čutijo razliko v duhovnosti.

4. Ljudje, ki ne ostajajo v čakališču

Vsi ljudje, ki bodo po sodnem dnevu vstopili vsak v svoj prostor znotraj nebes, trenutno bivajo v nebeškem čakališču na obrobju raja. Obstajajo pa določene izjeme. Tisti, ki so si zagotovili odhod v Novi Jeruzalem, najveličastnejši kraj v nebesih, gredo tja neposredno in tam pomagajo pri Božjem delu. Ti ljudje, ki odsevajo popolno podobnost Bogu in katerih srca so bleščeča in čudovita kakor kristal, danes živijo v obličju posebne Božje ljubezni in oskrbe.

Služijo Bogu v Novem Jeruzalemu

Kje danes bivajo naši očetje vere, kot so Elija, Henoh, Abraham, Mojzes in apostol Pavel, ki so posvečeni in zvesti v vsej Božji hiši? Ali morda ostajajo v nebeškem čakališču na obrobju raja? Ne. Ti ljudje so dosegli popolno posvečenost in podobnost Bogu, zato že ta trenutek bivajo v Novem Jeruzalemu. A ker še ni nastopil čas velike sodbe, ne morejo vstopiti v svoje večne domove, ki so jim bili dani.

Kje v Novem Jeruzalemu pa potem bivajo? V Novem Jeruzalemu, ki se razteza 2.400 kilometrov v širino, globino in višino, se nahaja več duhovnih krajev različnih dimenzij. Tam je kraj z Božjim prestolom, nekaj krajev, kjer poteka izgradnja domov, in drugi kraji, kjer naši očetje vere služijo Gospodu

Naši očetje vere, ki tako že danes bivajo v Novem Jeruzalemu, hrepenijo po dnevu, ko bodo lahko vstopili v svoja večna bivališča, medtem pa torej skupaj z Gospodom pomagajo pri pripravi naših bivališč. Močno hrepenijo po odhodu v svoje večne domove, kamor bodo odšli šele po drugem prihodu Jezusa Kristusa, po koncu sedem let trajajočega poročnega banketa ter tisočletnega kraljestva na tej zemlji.

Apostol Pavel, ki je bil poln upanja po nebesih, je v Drugem pismu Timoteju 4:7-8 izrekel naslednje besede:

Dober boj sem izbojeval, tek dokončal, vero ohranil. Odslej je zame pripravljen venec pravičnosti, ki mi ga bo tisti dan dal Gospod, pravični Sodnik. Pa ne le meni, marveč vsem, ki ljubijo Njegovo pojavitev.

Kdor bije dober boj vere in ohranja upanje po vrnitvi Gospoda, ta lahko resnično upa na bivališče in zaklade oz. nagrade v nebesih. Tovrstna vera in upanje se lahko tudi okrepita, v kolikor pridobite več spoznanja o duhovnem svetu, in prav zato sem napisal to knjigo o nebesih.

Edenski vrt v drugih nebesih in čakališče v tretjih nebesih sta sicer precej lepša kraja od tega sveta, a se še vedno ne moreta primerjati s slavo in razkošjem Novega Jeruzalema, kjer se nahaja Božji prestol.

Zato molim v imenu Gospoda, da ne bi le tekli proti Novemu Jeruzalemu z veliko vero in upanjem, ampak da boste hkrati privedli kar največ duš na pot odrešenja, tako da boste širili evangelij, četudi za ceno vašega življenja.

3. poglavje

Sedem let poročnega banketa

1. Gospodova vrnitev in sedem let poročnega banketa
2. Tisočletno kraljestvo
3. Nagrada v nebesih po sodnem dnevu

*Blažen in svet,
kdor ima delež pri prvem vstajenju!
Nad takimi druga smrt nima nobene oblasti,
ampak bodo postali Božji
in Kristusovi duhovniki
ter bodo kraljevali z Njim tisoč let.*

- Razodetje 20:6 -

Preden prejmete nagrado in stopite v večno življenje v nebesih, vas čaka sodba z velikega belega prestola. Še pred sodbo pa se bodo zvrstili dogodki, ki vključujejo drugi prihod Gospoda, sedem let poročnega banketa ter tisočletno kraljestvo.

Vse to je Bog pripravil za Svoje ljubljene otroke, ki so ohranjali vero na tej zemlji.

Kdor veruje v drugi prihod Gospoda in hrepeni po srečanju z Njim, ki je naš ženin, se lahko veseli sedem let trajajočega banketa in tisočletnega kraljestva. Božja beseda v Svetem pismu je resnica in prav danes se izpolnjujejo vse še neizpolnjene svetopisemske prerokbe.

Zato bodite moder vernik in se potrudite pripraviti kakor čudovita Gospodova nevesta, kajti če ne boste budni in živeli po Božji besedi, se bo Gospodov dan prikradel kakor tat in vi boste padli v smrt.

Sedaj pa si oglejmo čudovite reči, ki jih bodo doživeli Božji otroci, preden gredo v nebesa, ki so bleščeča in čudovita kakor kristal.

1. Gospodova vrnitev in sedem let poročnega banketa

Apostol Pavel je v pismu Rimljanom 10:9 zapisal: *„Kajti če boš s svojimi usti priznal, da je Jezus Gospod, in boš v svojem srcu veroval, da ga je Bog obudil od mrtvih, boš rešen."* Da bi dosegli odrešenje, morate priznavati Jezusa kot vašega Odrešenika ter v srcu verovati, da je Jezus umrl in ponovno vstal od mrtvih. V kolikor ne verujete v Jezusovo vstajenje, tudi ne morete verovati v vaše lastno vstajenje ob drugem prihodu Gospoda. Pravzaprav potem ne morete verovati niti v samo vrnitev Gospoda. Če ne verujete v obstoj nebes in pekla, ne boste pridobili dovolj moči, da bi živeli v skladu z Božjo besedo, zato ne boste dosegli odrešenja.

Glavni cilj krščanskega življenja

Prvo pismo Korinčanom 15:19 pravi: *„Če samo zaradi tega življenja zaupamo v Kristusa, smo od vseh ljudi najbolj pomilovanja vredni."* Božji otroci za razliko od nevernikov obiskujejo cerkev, se udeležujejo bogoslužja ter vsako nedeljo na različne načine služijo Gospodu. Da bi živeli po Božji besedi, se pogosto postijo in goreče molijo v Božjem svetišču ob zgodnjih jutrih ali poznih večerih, četudi so včasih resnično potrebni počitka.

Prav tako ne iščejo lastnih koristi, temveč služijo drugim in se žrtvujejo za Božje kraljestvo. Ravno zato bi bili zvesti verniki vredni velikega pomilovanja, v kolikor nebesa ne bi obstajala. Vendar Gospod se bo zagotovo vrnil in vas popeljal v nebesa, kjer je za vas pripravil čudovito bivališče. Prav tako vas bo nagradil v skladu s tem, kar ste sejali in počeli na tem svetu.

V Mateju 16:27 Jezus pravi: *„Sin človekov bo namreč prišel v veličastvu Svojega Očeta s Svojimi angeli in takrat bo vsakemu povrnil po njegovem delu."* „Povrnil po njegovem delu" se tukaj ne nanaša zgolj na odhod v nebesa oziroma pekel, saj so verniki, ki gredo v nebesa, deležni različnih nagrad in slave, vse v skladu s tem, kako so živeli na tem svetu.

Nekateri ljudje zamerijo in neradi slišijo o ponovni vrnitvi Gospoda. Vendar če resnično ljubite Gospoda in ohranjate upanje po nebesih, potem je povsem naravno, da hrepenite in nestrpno čakate na srečanje z Njim. Če priznavate z ustnicami „Ljubim te, Gospod," a hkrati neradi poslušate o Njegovi vrnitvi, potem ne moremo reči, da Ga resnično ljubite.

Zato z radostjo glejte na vašega ženina Jezusa in z veseljem v srcu pričakujte Njegov drugi prihod, medtem pa se pripravljajte kakor čudovita nevesta.

Drugi prihod Gospoda

Prvo pismo Tesaloničanom 4:16-17 pravi: *„Kajti sam Gospod bo ob povelju, ob nadangelskem glasu in ob Božji trobenti stopil z neba. Najprej bodo vstali tisti, ki so umrli v Kristusu. Potem pa bomo mi, ki živimo in bomo ostali, skupaj z njimi odneseni na oblakih v zrak, naproti Gospodu: tako bomo zmeraj z Gospodom."*

Ob ponovnem prihodu Gospoda si bo vsak Božji otrok nadel duhovno telo in bil vzet v nebo, kjer bo srečal Gospoda. Kaj pa tisti ljudje, ki so bili rešeni in so umrli? Njihova telesa so zakopana, a njihove duše čakajo v raju. Za te ljudi radi rečemo, da „spijo v Gospodu." Njihove duše se bodo zlile z njihovimi duhovnimi telesi, ki bodo izoblikovana iz njihovih starih, zakopanih teles. Za njimi bodo sledili tisti, ki bodo sprejeli Gospoda, ne da bi poznali smrt. Spremenili se bodo v duhovna telesa in bili vzeti v nebo.

Bog bo v zraku priredil poročni banket

Ko se bo Jezus vrnil v zraku, bo vsak, ki je bil rešen že vse od časa stvarjenja, sprejel Gospoda kot ženina. Tedaj bo Bog naznanil začetek sedem let trajajočega banketa v uteho Njegovim otrokom, ki so bili rešeni skozi vero. Kasneje bodo v nebesih nagrajeni za svoja dela, še prej pa bo Bog zanje priredil poročni banket.

Kako bo denimo kralj nagradil generala, ki se je vrnil po veliki zmagi? Bogato ga bo nagradil za njegovo odlično služenje. Morda mu bo postavil dom, dodelil posestvo, ponudil denarno nagrado ter priredil zabavo v njegovem imenu.

Enako pa bo tudi Bog po koncu velike sodbe Svojim otrokom podelil bivališča in nagrade v nebesih, še prej pa bo zanje priredil poročni banket, na katerem se bodo lahko zabavali in delili veselje. Četudi je vsak posameznik na tem svetu opravil različno delo za Božje kraljestvo, bo Bog zanj priredil banket že zaradi samega dejstva, ker je ta človek dosegel odrešenje.

In kje je potem ta „zrak", kjer bo potekal sedem let trajajoči poročni banket? „Zrak" se tukaj ne nanaša na nebo, ki ga lahko opazujete s prostimi očmi, kajti potem bi morali vsi udeleženci banketa lebdeti na nebu. Poleg tega je bilo od časa stvarjenja rešenih ogromno število ljudi in na našem nebu ne bi bilo dovolj prostora zanje.

Banket bo dobro načrtovan in pripravljen, saj ga bo priredil Bog sam v uteho Njegovim otrokom. Obstaja namreč kraj, ki ga je Bog pripravil še pred začetkom časa. Ta kraj je „zrak", ki ga je Bog pripravil za sedem let trajajoči poročni banket in se nahaja v drugih nebesih.

„Zrak" je del drugih nebes

Pismo Efežanom 2:2 govori o časih, *„v katerih ste nekoč živeli na način tega sveta, ko ste sledili poglavarju oblasti zraka; ta duh zdaj deluje v sinovih neposlušnosti."* „Zrak" je torej tudi kraj, v katerem imajo oblast zli duhovi.

Vendar kraj, kjer bo potekal poročni banket, in kraj, v katerem vladajo zli duhovi, nista eden in isti kraj. Izraz „zrak" je uporabljen v obeh primerih zato, ker se oba kraja nahajata v drugih nebesih. Hkrati pa druga nebesa niso en sam prostor, ampak so razdeljena na več predelov. Tako sta torej ločena kraj zlih duhov in kraj, kjer bo potekal poročni banket.

Bog je ustvaril nov duhovni svet imenovan druga nebesa tako, da je ločil en predel celotnega duhovnega sveta. Ta predel je nato razdelil na dve območji. Prvo je Eden oziroma območje svetlobe, ki pripada Bogu, drugo pa območje teme, ki ga je Bog namenil zlim duhovom.

Na vzhodu Edena je Bog ustvaril vrt in vanj postavil Adama, ki naj bi tam bival vse do začetka vzgoje človeštva. Območje teme pa je dal zlim duhovom in jim dovolil tam bivati. To območje teme in Eden sta strogo ločena.

Prizorišče sedem let trajajočega poročnega banketa

Kje bo potem potekal poročni banket? Edenski vrt je le en del Edena, v katerem je še veliko drugih prostorov. In prav enega od teh prostorov je Bog pripravil za sedem let trajajoči poročni banket.

Kraj, kjer bo potekal banket, je veliko lepši od edenskega vrta. V njem se bohoti prekrasno cvetje in drevesa. Prostor je obsijan z lučmi vseh barv, ki obdajajo čudovito in čisto naravo.

Kraj je izredno prostran, saj se bodo banketa udeležili vsi tisti, ki so bili rešeni vse od trenutka stvarjenja. Tam stoji tudi grad, ki je dovolj velik za vse povabljence. Ta grad bo prizorišče banketa, kjer se bo zvrstila cela vrsta nepredstavljivo srečnih dogodkov. Na tej točki bi vas rad tudi povabil v ta grad na poročni banket in resnično upam, da boste deležni veliko sreče kot nevesta Gospoda, ki bo častni gost banketa.

Srečanje z Gospodom na svetlem in čudovitem kraju

Ob prihodu v banketno dvorano boste osupnili ob pogledu na tako svetle luči, kot jih niste videli še nikoli. Počutili se boste, kot bi bilo vaše telo lažje od peresa. Ob nežnem pristanku na zeleni travi se vam bo končno razkrila okolica, ki vam je bila do tistega trenutka prikrita zaradi izredno močnih luči. Videli boste nebo in jezero, ki bosta tako jasna in bleščeča, da bosta slepila vaše oči. To jezero se bo lesketalo kakor dragulji, ki izžarevajo prekrasne barve.

Vse strani bodo obdane s cvetjem in zeleni gozdovi bodo obkrožali celotno območje. Cvetlice se bodo zibale nazaj in naprej kot bi vam mahale in zaznali boste tako čudovit, izrazit in prijeten vonj, kot ga niste še nikoli. Priletele bodo ptice različnih barv in vas toplo sprejele s petjem. Iz jezera, ki bo tako kristalno čisto, da se bo videlo vse do dna, bodo prekrasne ribe pomolile svoje glave in vam zaželele dobrodošlico.

Tudi trava, na kateri boste stali, bo mehka kot bombaž. Ovil vas bo veter in nežno zaplahutal vaša oblačila. Tedaj bo v vaše oči vstopila močna svetloba, sredi katere bo stala oseba.

Gospod vas bo objel, rekoč: „Ljubim te, moja nevesta"

Z nežnim nasmehom na obrazu vas bo z razširjenimi rokami poklical k Sebi. Ko boste stopili pred Njega, se vam bo jasno razkril Njegov obraz. Čeprav boste prvikrat videli Njegov obraz, boste dobro vedeli, kdo stoji pred vami. Ta oseba bo Gospod Jezus, vaš ženin, katerega ljubite in ste si ga ves ta čas srčno želeli videti. Po vašem licu bodo stekle solze, ki jih nikakor ne boste znali ustaviti, saj se boste spominjali časov, ko ste bili vzgajani na tej zemlji.

Zrli boste v oči Gospodu, ki vam je pomagal premagati tudi tiste najtežje trenutke, preganjanje in preizkušnje. Gospod vam bo pristopil, vas sprejel v Svoje naročje in rekel: „Nevesta moja, nestrpno sem čakal ta dan. Ljubim te."

Te besede bodo sprožile še več solz na vašem licu. Gospod bo obrisal te vaše solze in vas še močneje objel. Ob pogledu v Njegove oči boste začutili Njegovo srce. „Vse vem o tebi. Poznam razloge za vse tvoje solze in bolečine. A odslej boš čutil le srečo in veselje."

Kako dolgo že hrepenite po tem trenutku? V Njegovem objemu boste čutili popoln mir in veselje bo preplavilo vso vaše telo.

Tedaj boste slišali nežen, globok in čudovit zvok čaščenja. Gospod vas bo prijel za roke in vas vodil do kraja, od koder bo prihajalo čaščenje.

Banketna dvorana bo polna luči različnih barv

Nekaj trenutkov kasneje boste zagledali veličasten in prečudovit grad. Ko boste stopili pred grajska vrata, se bodo ta počasi odprla in nad vas bo padla močna svetloba. Z Gospodom boste stopili v grad in spremljal vas bo občutek, kot bi vas svetloba vlekla v notranjo dvorano, ki bo tako velika, da ne boste videli njenega konca. Dvorana bo okrašena s krasnimi ornamenti in vsa obsijana s svetlimi lučmi različnih barv. Zvok čaščenja bo zdaj postal veliko izrazitejši in bo odmeval po vsej dvorani. Naposled bo Gospod z odmevajočim glasom naznanil začetek poročnega banketa. Tako se bo začel sedem let trajajoči poročni banket in počutili se boste, kot bi se vse skupaj odvijalo v sanjah.

Ali vas ta dogodek navdaja z občutkom sreče? Seveda, saj se bodo le redki lahko skupaj z Gospodom udeležili banketa. Samo tisti z ustreznimi kvalifikacijami lahko sledijo Gospodu in pristanejo v Njegovem objemu.

Zato se pripravite kakor nevesta in postanite deležni božanske narave. In četudi ne bodo mogli vsi udeleženci držati Gospoda za Njegovo roko, bodo vsi čutili enako srečo in polnost.

Srečni trenutki s plesom in petjem

Na poročnem banketu boste prepevali in plesali z Gospodom ter proslavljali Boga Očeta. Plesali boste z Gospodom in se pogovarjali o trenutkih na tej zemlji ali o nebesih, kjer boste kasneje živeli.

Prav tako boste govorili o ljubezni Boga Očeta ter Ga

poveličevali. Kramljali boste z vam ljubljenimi ljudmi, s katerimi ste se že od nekdaj želeli družiti.

Banket bo tako potekal v prijetnem ozračju, medtem ko boste uživali sadove v vaših ustih ter pili vodo življenja, ki izvira iz Božjega prestola. Pri tem pa vam ni treba vseh sedem let ostati v gradu. Občasno boste zapustili grad in na prostem preživeli nekaj veselih trenutkov.

In kakšne so te vesele aktivnosti in dogodki, ki vas čakajo zunaj gradu? Uživali boste v prečudoviti naravi, se družili z drevesi, cvetjem in pticami. Sprehajali se boste z vašimi ljubljenimi po lepo okrašeni cesti, se z njimi zatopili v prijeten pogovor ali pa skupaj slavili Gospoda s petjem in plesom. Na voljo vam bodo tudi različne aktivnosti na prostem. Ljudje bodo lahko na primer čolnarili po jezeru s prijatelji ali celo z Gospodom samim. Lahko boste plavali ali uživali v različnih igrah in zabavi. Skratka, Bog bo s Svojo skrbnostjo in ljubeznijo poskrbel za nepredstavljivo veselje med Njegovimi otroki.

V sedmih letih poročnega banketa ne bo nikoli ugasnila niti ena sama luč. Eden je seveda območje luči, v katerem ni teme. V Edenu vam ni treba spati ali počivati, tako kot to počnete na tej zemlji. Naj se še tako dolgo zabavate, ne boste nikoli utrujeni, temveč boste iz trenutka v trenutek samo še bolj veseli in srečni.

Ravno zato tudi ne boste čutili toka časa in sedem let bo minilo kot sedem dni ali celo sedem ur. Četudi ob vas ne bo staršev, otrok, bratov ali sester, ki niso bili vzeti v nebo in bodo trpeli veliko stisko na zemlji, bo čas tako hitro minil, da še pomislili ne boste nanje.

Hvaležnost za odrešenje

Ljudje v edenskem vrtu in gostje poročnega banketa se bodo med seboj videli, a ne bodo mogli prehajati sem ter tja.

Tudi zli duhovi bodo lahko spremljali dogajanje na poročnem banketu, a seveda ne bodo mogli niti pomisliti, da bi se vam pridružili. Pogled na banket in srečne goste bo v njih prebudil veliko bolečino. Ko ne bodo mogli nikogar odvesti v pekel in bodo morali ljudi prepustiti Bogu kot Njegove otroke, bo v njih zanetilo neznosno bolečino.

Medtem pa se boste vi ob pogledu na zli duhove spomnili, kako močno so vas želeli požreti kakor rjoveč lev, ko ste šli skozi vzgojo na tej zemlji.

Tako boste še bolj hvaležni za milost Boga Očeta, Gospoda in Svetega Duha, ki vas je obvarovala pred močjo teme in vas vodila, da ste postali Božji otrok. Prav tako boste hvaležni vsem tistim, ki so vam pomagali stopiti na pot življenja.

Sedem let trajajoči poročni banket torej ne pomeni le časa za počitek in utehe za bolečino, ki ste jo utrpeli med vzgojo na zemlji, ampak je hkrati čas, ko se boste spominjali življenja na tej zemlji in boste hvaležni za Božjo ljubezen.

Razmišljali boste tudi o večnem življenju v nebesih, ki bo še veliko lepše kot teh sedem let banketa. Sreča, ki jo boste čutili v nebesih, je namreč neprimerljiva s srečo na banketu.

Sedemletno obdobje velike stiske

Medtem ko bo v zraku potekal poročni banket, bo na zemlji minevalo sedemletno obdobje velike stiske. Trpljenje in stiska nepopisnih razsežnosti bosta pustošila na zemlji in uničila večji del prebivalstva.

Nekateri ljudje bodo sicer rešeni skozi tako imenovano „paberkovalno odrešenje." Po drugem prihodu Gospoda bo na zemlji zapuščenih ogromno ljudi, ki niso pravilno verovali oziroma so bili povsem brez vere. A če se bodo pokesali v obdobju sedmih let velike stiske in postali mučeniki, bodo še vedno lahko rešeni. Temu pravimo „paberkovalno odrešenje."

Postati mučenik v času velike stiske pa ni lahka naloga. Četudi bodo že od samega začetka trdno odločeni, jih bo večina nazadnje zanikala Gospoda, saj bodo podlegli mučenju in preganjanju s strani antikrista, ki jih bo prisilil sprejeti žig zveri „666."

Sprva bodo odločno zavrnili prejetje žiga 666, saj ta predstavlja pripadnost Satanu. Toda prestajati mučenje in prisotno bolečino je vse prej kot enostavno.

In četudi človek premaga mučenje, je potem še težje spremljati trpinčenje njegovih ljubljenih družinskih članov. Zato se bodo ljudje tako težko rešili skozi to „paberkovalno odrešenje." Prav tako bo izredno težko ohranjati vero, saj v tem obdobju ne bodo deležni pomoči Svetega Duha.

Zato resnično upam, da nihče od bralcev te knjige ne bo doživel sedemletnega obdobja velike stiske. To obdobje vam opisujem predvsem zato, da bi vedeli, da se dogodki iz Svetega pisma, ki govorijo o koncu časa, uresničujejo in se tudi bodo uresničili.

Te informacije bodo prav prišle tudi vsem tistim, ki bodo zapuščeni na zemlji, potem ko bodo Božji otroci vzeti v nebo. Medtem ko bodo pravi verniki odšli v zrak in se udeležili sedem let trajajočega poročnega banketa, bo na zemlji potekalo sedemletno obdobje velike stiske.

„Paberkovalno odrešenje" za mučenike

Po Gospodovi vrnitvi v zraku se bodo nekateri — med tistimi, ki niso bili vzeti v nebo — pokesali za svojo nepravo vero v Jezusa Kristusa.

„Paberkovalno odrešenje" bodo dosegli s pomočjo Božje besede, ki jo bo oznanjala cerkev, skozi katero se bodo ob koncu sveta razodevala mogočna Božja dela. Spoznali bodo, kako doseči odrešenje, kakšni dogodki se bodo zvrstili in kako se morajo odzvati na te dogodke v svetu, ki so bili prerokovani skozi Božjo besedo.

Tako se bodo določeni ljudje iskreno pokesali pred Bogom, postali mučeniki in dosegli odrešenje. To je tako imenovano „paberkovalno odrešenje." Med njimi bodo seveda Izraelci, ki bodo izvedeli za „sporočilo križa" in spoznali, da je Jezus, ki ga dotlej niso priznavali kot Mesijo, resnično Božji Sin in Odrešitelj vsega človeštva. Pokesali se bodo in dosegli „paberkovalno odrešenje." Skupaj bodo rasli v veri in nekateri med njimi bodo spoznali Božje srce, postali mučeniki in bili rešeni.

Na ta način zapisi, ki opisujejo Božjo besedo, pomagajo številnim vernikom rasti v veri, hkrati pa bodo odigrali zelo pomembno vlogo za vse tiste, ki ne bodo vzeti v nebo. Zato se zavedajte prečudovite ljubezni in milosti Boga, ki je poskrbel tudi za tiste, ki bodo rešeni šele po drugem prihodu Gospoda.

2. Tisočletno kraljestvo

Neveste se bodo po koncu sedemletnega poročnega banketa spustile na zemljo in kraljevale s Kristusom tisoč let (Razodetje 20:4). Gospod bo zemljo očistil ob Njegovi vrnitvi. Najprej bo očistil zrak in nato naredil vso naravo čudovito.

Obiskovanje na novo očiščene zemlje

Tako kot se novoporočenca odpravita na medene tedne, tako boste vi, skupaj z Gospodom, vašim ženinom, hodili na potovanja v obdobju tisočletnega kraljestva, ki bo sledilo po koncu poročnega banketa. In kam boste najraje zahajali?

Božji otroci oziroma Gospodove neveste si bodo želeli obiskovati zemljo, saj jo bodo morali kmalu zapustiti za vselej. Po koncu tisočletnega kraljestva bo Bog premestil vsa telesa prvih nebes, kot so sonce, luna in zemlja, na kateri je potekala vzgoja človeštva.

Še preden bo dokončno umaknil zemljo, torej po koncu sedmih let poročnega banketa, pa bo Bog Oče prenovil obličje zemlje in vam dovolil kraljevati na njej skupaj z Gospodom polnih tisoč let. Vse to je del vnaprej načrtovanega procesa znotraj Božje previdnosti, saj je Bog v šestih dneh naredil nebo in zemljo, sedmi dan pa je počival. To je tudi dar za vas, da ne boste preveč žalostni zapuščali zemlje, zato vam bo Bog dovolil vladati z Gospodom tisoč let. V tem obdobju boste neskončno uživali na tej lepo prenovljeni zemlji. Obiskali boste vse kraje, ki jih niste uspeli videti za časa vašega življenja na tej zemlji, in ves čas boste čutili nepopisno srečo in radost.

Tisoč let kraljevanja

To obdobje bo minilo brez prisotnosti sovražnika Satana in hudiča. Na zemlji bosta vladala samo mir in počitek, ravno tako kot v edenskem vrtu. Rešeni ljudje bodo živeli v udobju skupaj z Gospodom, vendar proč od mesenih ljudi, ki so preživeli veliko stisko. Rešeni ljudje in Gospod bodo živeli na ločenem kraju, v kraljevi palači oziroma gradu. Povedano drugače, duhovni ljudje bodo živeli znotraj gradu, meseni pa zunaj njega, saj vendar duhovna in mesena telesa ne morejo bivati skupaj. Duhovni ljudje se bodo tedaj že spremenili v duhovna telesa in pridobili večna življenja. Tako se bodo lahko hranili z vdihavanjem vonjav kot je denimo vonj cvetja, še vedno pa bodo lahko občasno jedli tudi z mesenimi ljudmi. A tudi če bodo zaužili fizično hrano, je ne bodo izločili, kot to velja za mesene ljudi, ampak jo bodo razgradili v zrak skozi dihanje.

Meseni ljudje bodo osredotočeni na razmnoževanje, kajti po sedmih letih velike stiske na zemlji ne bo preživelo veliko ljudi. Zaradi odsotnosti sovražnika Satana in hudiča tisti čas ne bo bolezni niti hudobije in zrak bo povsem čist. *„Nato ga je vrgel v brezno, ga tam zaklenil in zapečatil nad njim, da ne bi več zapeljeval narodov, dokler se ne dopolni tisoč let "* (Razodetje 20:3). Ker ne bo smrti, se bo zemlja ponovno napolnila z ljudmi.

In kaj bodo potem jedli meseni ljudje? Ko sta Adam in Eva živela v Edenu, sta jedla samo zelenje s semenom in sadje (Geneza 1:29). A ko sta grešila in bila izgnana iz edenskega vrta, takrat sta začela uživati poljsko rastlinje (Geneza 3:18). Po vesoljnem potopu se je na svetu razpasla hudobija in Bog je ljudem dovolil jesti meso. Tukaj lahko opazimo, da več ko je bilo hudobije na svetu, bolj hudobne so postale tudi živali, ki so jih ljudje jedli.

V času tisočletnega kraljestva bodo ljudje jedli poljščine ali drevesno sadje. Mesa ne bodo uživali, tako kot ga niso tudi ljudje pred vesoljnim potopom, saj na svetu ni bilo hudobije in ubijanja. In ker bodo med veliko stisko uničene vse civilizacije, se bodo ljudje vrnili k primitivnemu načinu življenja ter se namnožili. Začeli bodo z začetka v nedotaknjeni naravi, ki bo čista, mirna in čudovita.

In četudi so pred veliko stisko živeli v sodobni civilizaciji, te stopnje razvitosti ne bo moč doseči v sto ali dvesto letih. No, sčasoma bodo morda zbrali dovolj modrosti in ob koncu tisočletnega kraljestva vendarle dosegli današnjo stopnjo civilizacije.

3. Nagrada v nebesih po sodnem dnevu

Po koncu tisočletnega kraljestva bo Bog za kratek čas izpustil sovražnika Satana in hudiča iz brezna (Razodetje 20:1-3). Četudi bo Gospod sam kraljeval na zemlji in si prizadeval privesti mesene ljudi, ki so preživeli veliko stisko, in njihove potomce do večnega odrešenja, pa njihova vera ne bo prava. Zato bo Bog sovražniku Satanu in hudiču dovolil skušati te ljudi.

Veliko mesenih ljudi se bo pustilo zapeljati sovražniku hudiču in bodo stopili na pot uničenja (Razodetje 20:8). Božji ljudje bodo tako ponovno dojeli veliko Božjo ljubezen in razumeli, zakaj je Bog — ki si želi skozi človeško vzgojo pridobiti prave otroke — moral ustvariti pekel.

Zli duhovi, ki bodo za kratek čas izpuščeni na prosto, bodo kasneje ponovno zaprti v brezno in takrat bo sledila sodba z velikega belega prestola (Razodetje 20:12). In kako bo potekala sodba z velikega belega prestola?

Bog bo vodil sodbo z velikega belega prestola

Julija 1982, ko sem molil za ustanovitev moje cerkve, sem izvedel podrobnosti o sodbi z velikega belega prestola. Bog mi je razkril prizor, v katerem je On sam sodil ljudem. Pred prestolom Boga Očeta sta stala Gospod Jezus in Mojzes, vse okrog pa porotniki.

Za razliko od sodnikov tega sveta je Bog popoln in ne dela napak. Kljub temu pa Bog sodi skupaj z Gospodom, ki služi kot advokat ljubezni, Mojzesom kot tožilcem in drugimi ljudmi kot porotniki. Razodetje 20:11-15 lepo opisuje Božje sojenje:

> *Zatem sem videl velik bel prestol in Njega, ki je sedèl na njem. Zemlja in nebo sta pobegnila izpred njegovega obličja in zanju ni bilo prostora. Nato sem videl umrle, velike in majhne, kako stojijo pred prestolom. In odprle so se knjige. Odprla pa se je tudi druga knjiga: knjiga življenja. Umrli so bili sojeni po tem, kar je bilo napisano v knjigah, po svojih delih. Morje je vrnilo mrtve, ki so bili v njem. Tudi smrt in podzemlje sta vrnila mrtve, ki sta jih hranila. In vsak je bil sojen po svojih delih. Nato sta bila smrt in podzemlje vržena v ognjeno jezero. To je druga smrt, ognjeno jezero. In če koga niso našli zapisanega v*

knjigi življenja, je bil vržen v ognjeno jezero.

„Velik bel prestol" se tukaj nanaša na prestol Boga, ki je sodnik. Bog bo sedel na prestolu, ki bo tako svetel, da bo videti „bele barve", in bo izrekel poslednjo sodbo z ljubeznijo in pravičnostjo ter poslal pleve, ne žito, v pekel.

Zato temu pravimo sodba z velikega belega prestola. Bog bo sodil v skladu s „knjigo življenja", ki beleži imena rešenih ljudi, in drugimi knjigami, ki beležijo dela vsakega posameznika.

Pogubljeni bodo padli v pekel

Pred Božjim prestolom bo knjiga življenja in tudi druge knjige, v katerih bodo zapisana vsa dela vsakega posameznika, ki ni sprejel Gospoda oziroma ni gojil prave vere (Razodetje 20:12).

Te knjige beležijo sleherno naše dejanje, od rojstva in vse do trenutka, ko bo Bog poklical našo dušo. Dobra dela, preklinjanje drugih ljudi, pretepanje, bruhanje jeze, vse to je zabeleženo z rokami angelov.

Tako kot lahko z video ali avdio snemanjem ohranite določene pogovore ali dogodke, tako angeli v nebesih po ukazu vsemogočnega Boga beležijo in ohranjajo vsa vaša dejanja. Zato bo sodba z velikega belega prestola izvršena brez slehlerne napake. In kako točno bo potekala sodba?

Najprej bo sojeno pogubljenim oziroma nerešenim ljudem. Ti ljudje so grešniki, zato ne bodo mogli stopiti pred Boga, ampak jim bo sojeno v Hadesu, čakališču pekla. A četudi ne bodo stopili pred Boga, bo izrečena sodba ravno tako pravična, kot bi jim bila naložena pred Bogom samim.

Med grešniki bo Bog najprej sodil tistim z največjimi grehi. Po sodbi bodo vsi pogubljeni ljudje odšli v ognjeno ali žvepleno jezero in tam prestajali večno kazen.

Nagrada za rešene ljudi v nebesih

Po končanem sojenju pogubljenim dušam bo sledilo sojenje z nagradami za rešene duše. Kot je obljubljeno v Razodetju 22:12: *„Glej, pridem kmalu in z mano pride moje plačilo, da povrnem vsakomur po njegovem delu,"* bodo bivališča in nagrade ustrezno dodeljene.

Sojenje za nagrade bo potekalo v miru pred Bogom, saj bo šlo za Božje otroke. Najprej bo sojeno tistim z največjo mero vere, ki bodo tudi najbolj bogato nagrajeni, sledili bodo tisti z manj vere, nakar bodo vsi Božji otroci skupaj odšli vsak v svoja bivališča.

Noči ne bo več in ne bodo potrebovali ne luči svetilke ne sončne luči, kajti razsvetljeval jih bo Gospod Bog in kraljevali bodo na veke vekov (Razodetje 22:5).

Kako srečni smo lahko, da imamo upanje po nebesih, in to navkljub vsej bolečini in težavam na tem svetu! Tam bomo za vedno živeli z Gospodom s srečo in radostjo, brez solza, žalosti, bolečine, bolezni in smrti.

Doslej sem vam zgolj površinsko opisal sedemletni poročni banket in tisočletno kraljestvo, kjer boste kraljevali z Gospodom. In če bo že to obdobje — ki je zgolj uvod v nebeško življenje — tako zelo srečno, koliko srečnejše in bolj radostno bo potem šele življenje v nebesih? Zato tecite z vsemi močmi proti vašemu bivališču in nagradam, ki so za vas pripravljene v nebesih. Tecite vse do trenutka, ko se bo vrnil Gospod in vas odpeljal s Seboj v nebesa.

Čemu so se naši očetje vere tako trudili in toliko pretrpeli, da bi hodili po ozki poti Gospodovi, namesto da bi ubrali lažjo pot tega sveta? Veliko noči so preživeli v molitvi in se postili, da bi odvrgli svoje grehe in se v celoti posvetili veri, saj so imeli upanje po nebesih. Verovali so v Boga, ki jih bo v nebesih nagradil po njihovih delih, zato so se trudili postati sveti in zvesti v vsej Božji hiši.

Zato molim v imenu Gospoda, da se ne bi zgolj udeležili sedemletnega poročnega banketa in bili v Gospodovem objemu, ampak da bi pristali v neposredni bližini Božjega prestola v nebesih, potem ko se boste vse življenje trudili po najboljših močeh z gorečim upanjem po nebesih.

4. poglavje

Skrivnosti nebes, prikrite že vse od stvarjenja

1. Skrivnosti nebes so razkrite že vse od Jezusovega časa
2. Skrivnosti nebes, ki bodo razkrite ob koncu sveta
3. V hiši mojega Očeta je veliko bivališč

Odgovoril je in jim dejal:
*„Vam je dano spoznati
skrivnosti nebeškega kraljestva,
njim pa to ni dano.
Kdor namreč ima,
se mu bo dalo in bo imel obilo;
kdor pa nima,
se mu bo vzelo tudi to, kar ima.
Zato jim govorim v prilikah,
ker gledajo, pa ne vidijo,
poslušajo, pa ne slišijo
in ne razumejo."*

*Vse to je Jezus povedal množicam v prilikah
in ničesar jim ni govoril brez prilike,
da se je izpolnilo,
kar je bilo rečeno po preroku, ki pravi:
„Odprl bom Svoja usta v prilikah,
izrekel bom,
kar je skrito od začetka sveta."*

- Matej 13:11-12, 34-35 -

Ko je Jezus nekega dne sedel ob jezeru, se je pri njem zbrala velika množica. Veliko jih je naučil v prilikah. Tedaj so ga Njegovi učenci vprašali: "*Zakaj jim govoriš v prilikah?*" Jezus je odgovoril:

Vam je dano spoznati skrivnosti nebeškega kraljestva, njim pa to ni dano. Kdor namreč ima, se mu bo dalo in bo imel obilo; kdor pa nima, se mu bo vzelo tudi to, kar ima. Zato jim govorim v prilikah, ker gledajo, pa ne vidijo, poslušajo, pa ne slišijo in ne razumejo. V njih se izpolnjuje Izaijeva prerokba, ki pravi: ,Poslušali boste, poslušali – a ne boste doumeli, gledali boste, gledali – a ne boste videli. Otopelo je namreč srce temu ljudstvu; z ušesi so težko slišali in zatisnili so si oči, da ne bi z očmi videli, da ne bi z ušesi slišali, da ne bi v srcu doumeli in se spreobrnili in da bi jih Jaz ne ozdravil.' Blagor pa vašim očem, ker vidijo, in vašim ušesom, ker slišijo! Kajti resnično, povem vam: Veliko prerokov in pravičnih si je želelo videti, kar vi gledate, pa niso videli, in slišati, kar vi poslušate, pa niso slišali (Matej 13:11-17).

Kot je rekel Jezus, veliko prerokov in pravičnih ni videlo in ne slišalo skrivnosti nebeškega kraljestva, čeprav so si želeli videti in slišati.

A ker se je Jezus, ki je po naravi Bog, spustil na to zemljo

(Filipljanom 2:6-8), je vendarle razkril skrivnosti nebes Svojim učencem.

Kot piše v Mateju 13:35: „*Da se je izpolnilo, kar je bilo rečeno po preroku, ki pravi: ,Odprl bom Svoja usta v prilikah, izrekel bom, kar je skrito od začetka sveta.'*" Jezus je torej govoril v prilikah zato, da bi izpolnil tisto, kar je bilo zapisano v Svetem pismu.

1. Skrivnosti nebes so razkrite že vse od Jezusovega časa

V 13. poglavju Matejevega evangelija je zapisanih veliko prilik o nebesih. Brez prilik namreč ne morete razumeti in doumeti skrivnosti nebes, četudi večkrat preberete Sveto pismo.

Nebeško kraljestvo je podobno človeku, ki je posejal dobro seme na svoji njivi (24. vrstica).

Nebeško kraljestvo je podobno gorčičnemu zrnu, ki ga je nekdo vzel in vsejal na svoji njivi. To je res najmanjše od vseh semen; ko pa zraste, je večje kakor zelišča in postane drevo, tako da priletijo ptice neba in gnezdijo na njegovih vejah (31. in 32. vrstica).

Nebeško kraljestvo je podobno kvasu, ki ga je vzela žena in ga umesila v tri merice moke, dokler se ni vse prekvasilo (33. vrstica).

Nebeško kraljestvo je podobno zakladu, skritemu na njivi, ki ga je nekdo našel in spet skril. Od veselja nad njim je šel in prodal vse, kar je imel, in kupil tisto njivo (44. vrstica).

Nebeško kraljestvo je tudi podobno trgovcu, ki išče lepe bisere. Ko najde en dragocen biser, gre in proda vse, kar ima, in ga kupi (45. in 46. vrstica).

Nadalje je nebeško kraljestvo podobno mreži, ki jo vržejo v morje in zajame ribe vseh vrst. Ko se napolni, jo potegnejo na obrežje, sedejo in odberejo dobre v posodo, slabe pa pomečejo proč (47. in 48. vrstica).

Tudi Jezus je skozi številne prilike govoril o nebesih, ki so del nevidnega duhovnega sveta in jih kot takšna lahko dojamete le skozi prilike.

Za dosego večnega življenja v nebesih morate živeti iskreno življenje vere in se zavedati, kako pridobiti nebesa, kakšni ljudje bodo vanj poslani ter kdaj se bo vse skupaj izpolnilo.

Kakšen je končni cilj obiskovanja cerkve in vodenja vernega življenja? Biti rešen in oditi v nebesa. In kako žalostni boste potem, če ne boste prišli v nebesa, četudi ste dolgo časa obiskovali cerkev?

Celo v Jezusovem času je veliko ljudi izpolnjevalo postavo in izpovedovalo vero v Boga, pa vendar niso bili upravičeni do odrešenja in odhoda v nebesa. Ravno iz tega razloga je v Mateju 3:2 Janez Krstnik razglasil: *"Spreobrnite se, kajti približalo se je nebeško kraljestvo!"* Prav tako je v Mateju 3:11-12 ljudem

dejal, da je Jezus naš Odrešenik in Gospod velike sodbe, rekoč: „Jaz vas krščujem v vodi za spreobrnjenje; toda On, ki pride za menoj, je močnejši od mene in jaz nisem vreden, da bi Mu nosil sandale. On vas bo krstil v Svetem Duhu in ognju. Velnico ima v roki in počistil bo Svoje mlatišče. Svoje žito bo spravil v kaščo, pleve pa sežgal z neugasljivim ognjem."
Kljub temu pa Izraelci tisti čas Jezusa niso priznavali za svojega Odrešenika in so Ga križali. In kako žalostno je, da po vsem tem še danes čakajo na Mesijo!

Skrivnosti nebes, ki so bile razkrite apostolu Pavlu

Apostol Pavel je goreče oznanjal Jezusa Kristusa, četudi ni bil eden od Njegovih prvotnih učencev. Preden je srečal Gospoda, je bil farizej, zvest postavi in izročilu starešin, in Jud z rimskim državljanstvom od rojstva, ki je sodeloval pri preganjanju zgodnjih kristjanov.

Vendar ko je na poti v Damask srečal Gospoda, se je Pavel spreobrnil in kasneje privedel številne ljudi do odrešenja ter postal apostol poganov.

Ker pa je Bog seveda vedel, da bo Pavel deležen veliko bolečine in preganjanja med oznanjanjem evangelija, mu je razkril čudovite skrivnosti nebes, zato da bi stekel proti cilju (Filipljanom 3:12-14). Tako mu je Bog omogočil pridigati evangelij z veliko mero radosti in upanja po nebesih.

V svojih pismih je Pavel pod polnim navdihom Svetega Duha pisal o ponovni vrnitvi Gospoda, vnebovzetju vernikov, njihovih nebeških bivališčih, nebeški slavi, večnemu plačilu in vencih,

večnem duhovniku Melkizedeku ter Jezusu Kristusu.
V Drugem pismu Korinčanom 12:1-4 Pavel deli svoja duhovna doživetja s člani njegove cerkve v Korintu, ki niso živeli v skladu z Božjo besedo.

Ali se je res treba ponašati? To sicer nič ne koristi, vendar bom prišel do videnj in razodetij Gospoda. Vem za človeka v Kristusu. Pred štirinajstimi leti je bil vzet do tretjih nebes – ali v telesu, ne vem, ali brez telesa, ne vem, to ve Bog. Vem tudi, da je bil ta človek – ali v telesu ali brez telesa, ne vem, to ve Bog – vzet v raj in je slišal neizrekljive besede, ki jih človeku ni dovoljeno spregovoriti.

Bog je izbral apostola Pavla za evangelizacijo poganov, ga prečistil z ognjem ter mu poslal videnja in razodetja. Pomagal mu je premagati vse težave z ljubeznijo, vero in upanjem po nebesih.

Tako je bil Pavel vzet v raj v tretja nebesa, že 14 let pred tem pa so mu bile razodete skrivnosti nebes, ki so bile tako čudovite, da človeku ni bilo dovoljeno o njih govoriti.

Apostol je oseba, poklicana od Boga in v popolnosti poslušna Njegovi volji. Kljub temu pa so bili nekateri člani korintske cerkve zapeljani s strani lažnih učiteljev in so obsodili apostola Pavla.

Apostol Pavel je tisti čas razkril bolečine, ki jih je pretrpel za Gospoda, in delil svoja duhovna doživetja s Korinčani, da bi ti postali čudovite neveste Gospoda in bi izpolnjevali Božjo besedo. Njegov namen ni bil bahanje, temveč je želel samo utrditi Kristusovo cerkev, zato je branil in potrjeval svoje apostolstvo.

Tukaj se morate zavedati, da Gospodova videnja in razodetja prejmejo samo tisti, ki so tega vredni v Božjih očeh. Prav tako za razliko od članov korintske cerkve, ki so bili zapeljani s strani lažnih učiteljev in so obsodili Pavla, ne smete nikoli obsojati nikogar, ki se bori za širitev Božjega kraljestva, rešuje ljudi in je priznan od Boga.

Skrivnosti nebes, ki so bile razkrite apostolu Janezu

Apostol Janez je bil eden od dvanajstih učencev in bil zelo ljubljen od Jezusa. Jezus ga ni zgolj klical „učenec", ampak je dejansko zavzel vlogo njegovega učitelja in ga duhovno vzgajal. Janez je bil nekoč hitre jeze, zato so ga ljudje klicali „sin groma", a nazadnje se je spreobrnil po Božji moči in postal apostol ljubezni. Janez je sledil Jezusu in iskal slavo v nebesih. Bil je tudi edini učenec, ki je slišal zadnjih sedem Jezusovih besed na križu. Zvesto je opravljal svoje dolžnosti kot apostol in končal kot velik mož v nebesih.

Kot rezultat preganjanja krščanstva v Rimskem imperiju je bil vržen v vrelo olje, vendar ni bil usmrčen, ampak izgnan na otok Patmos, kjer je komuniciral z Bogom in napisal knjigo Razodetja, ki je polna skrivnosti o nebesih.

Janez je opisal veliko duhovnih stvari, kot so prestol Boga in Jagnjeta, čaščenje v nebesih, štiri živa bitja okrog Božjega prestola, sedem let velike stiske in vloga angelov, poročni banket Jagnjeta in tisočletno kraljestvo, sodba z velikega belega prestola, pekel, Novi Jeruzalem v nebesih, ter brezno brez dna.

Zato apostol Janez v Razodetju 1:1-3 pravi, da je Knjiga

napisana skozi razodetja in videnja od Gospoda, ter da je sam vse zabeležil, kajti vse zapisano se bo tudi vsak čas zgodilo.

Razodetje Jezusa Kristusa, ki mu ga je dal Bog, da bi pokazal Svojim služabnikom, kar se mora vsak čas zgoditi. Sporočil ga je po Svojem angelu Svojemu služabniku Janezu. Ta je pričeval za Božjo besedo in za pričevanje Jezusa Kristusa: za vse, kar je videl. Blagor tistemu, ki bere, in tistim, ki poslušajo besede tega prerokovanja in izpolnjujejo, kar je zapisano v njem! Kajti čas je blizu.

Izraz „čas je blizu" namiguje, da je čas Gospodove vrnitve zelo blizu, zato je izredno pomembno, da smo odrešeni skozi vero in upravičeni do odhoda v nebesa.

Četudi vsak teden obiskujete cerkev, ne boste rešeni, v kolikor nimate vere z deli. Jezus pravi: *„Ne pojde v nebeško kraljestvo vsak, kdor Mi pravi: ,Gospod, Gospod,' ampak kdor uresničuje voljo Mojega Očeta, ki je v nebesih"* (Matej 7:21). Če potemtakem ne izpolnjujete Božje besede, ne morete vstopiti v nebesa.

Zato apostol Pavel v knjigi Razodetja podrobno opisuje dogodke in prerokbe, ki se bodo kmalu uresničile, ter ugotavlja, da se bo Gospod vrnil in da si moramo oprati oblačila.

Glej, pridem kmalu in z Mano pride Moje plačilo, da povrnem vsakomur po njegovem delu. Jaz sem Alfa in Omega, Prvi in Zadnji, začetek in konec. Blagor njim, ki perejo svoja oblačila, da bi imeli pravico do drevesa življenja in da bi smeli stopiti skozi vrata v mesto (Razodetje 22:12-14).

Oblačila v duhovnem pomenu predstavljajo posameznikovo srce in njegovo ravnanje. Pranje oblačil se nanaša na očiščenje grehov in življenje po Božji volji.

Do te mere, do katere živite po Božji besedi, boste stopali skozi vrata, dokler ne pridete do najveličastnejšega kraja v nebesih – Novega Jeruzalema.

Zato se morate zavedati, da bolj ko bo zrasla vaša vera, bolj veličastno bo vaše bivališče v nebesih.

2. Skrivnosti nebes, ki bodo razkrite ob koncu sveta

Zdaj pa si pobližje oglejmo skrivnosti nebes, ki se razkrivajo skozi Jezusove prilike v 13. poglavju Matejevega evangelija in ki bodo razkrite ob koncu sveta.

Bog bo ločil hudobne od pravičnih

V Mateju 13:47-50 Jezus pravi, da je nebeško kraljestvo podobno mreži, ki jo vržejo v morje in zajame ribe vseh vrst. Kaj to pomeni?

Nadalje je nebeško kraljestvo podobno mreži, ki jo vržejo v morje in zajame ribe vseh vrst. Ko se napolni, jo potegnejo na obrežje, sedejo in odberejo dobre v posodo, slabe pa pomečejo proč. Tako bo ob koncu sveta: prišli bodo angeli in ločili hudobne od pravičnih. Pahnili jih bodo v ognjeno peč. Tam bo jok in škripanje z zobmi.

„Morje" se tukaj nanaša na svet, „ribe" na vse nevernike, „tisti, ki vrže mrežo v morje in ulovi ribe" pa na Boga. Toda kaj potem pomeni, da bo Bog vrgel mrežo v morje, jo izvlekel, ko bo polna, nakar bo zbral dobre ribe v posode, slabe pa odvrgel? Ta odlomek nam sporoča, da bodo ob koncu sveta prišli angeli in odpeljali pravične ljudi v nebesa, hudobne pa odvrgli v pekel.

Danes so mnogi prepričani, da bodo zagotovo odšli v nebeško kraljestvo, če le sprejmejo Jezusa Kristusa. Toda Jezus jasno pravi: *„Prišli bodo angeli in ločili hudobne od pravičnih. Pahnili jih bodo v ognjeno peč"* (Matej 13:50). „Pravični" so tukaj vsi tisti, ki v svojem srcu verujejo v Jezusa Kristusa in svojo vero potrjujejo z dejanji. „Pravični" pa ne postanete zato, ker poznate Božjo besedo, ampak ker izpolnjujete Njegove zapovedi in ravnate v skladu z Njegovo voljo (Matej 7:21).

Sveto pismo v glavnem vsebuje štiri vrste zapovedi, in sicer „delaj", „ne delaj", „izpolnjuj" in „odpravi". Samo tisti, ki živijo po Božji besedi, so „pravični" in se zanje smatra, da imajo živo vero. Za nekatere ljudi se sicer govori, da so pravični, vendar so „pravični" le v očeh ljudi, ne v očeh Boga. Zato morate znati ločiti razliko med pravičnostjo ljudi in pravičnostjo Boga. Postati morate pravičen človek v očeh Boga.

Kadar denimo človek, ki sam sebe smatra za pravičnega, ukrade tujo lastnino, kdo ga bo potem imenoval za pravičnega?

Če tisti, ki se imajo za „Božje otroke", kar naprej grešijo in ne živijo po Božji besedi, jih seveda ne moremo imenovati za „pravične." Ti ljudje so pravzaprav hudobni ljudje, ki hodijo med „pravičnimi."

Različno veličastvo nebeških teles

Če sprejmete Jezusa Kristusa in živite samo po Božji Besedi, boste sijali kakor sonce v nebesih. Apostol Pavel zelo nazorno opisuje skrivnosti nebes v Prvem pismu Korinčanom 15:40-41:

So nebesna in zemeljska telesa. Toda drugo je veličastvo nebesnih teles, drugo zemeljskih. Drugo je veličastvo sonca in drugo veličastvo lune in drugo veličastvo zvezd. Zvezda se namreč od zvezde razlikuje po veličastvu.

Ker lahko človek samo skozi vero pridobi nebesa, je smiselno, da se nebeško veličastvo oz. slava razlikuje v skladu z mero posameznikove vere. Zato se sonce, luna in zvezde razlikujejo po veličastvu, in celo zvezde same odsevajo različno mero svetlobe.

Pa si oglejmo še eno nebeško skrivnost, ki jo razkriva prilika o gorčičnem zrnu v Mateju 13:31-32:

[Jezus] jim je podal še drugo priliko; rekel je: „Nebeško kraljestvo je podobno gorčičnemu zrnu, ki ga je nekdo vzel in vsejal na svoji njivi. To je res najmanjše od vseh semen; ko pa zraste, je večje kakor

zelišča in postane drevo, tako da priletijo ptice neba in gnezdijo na njegovih vejah."

Gorčično zrno je majhno kakor pika, ki smo jo narisali s kemičnim svinčnikom. Pa vendar bo to majhno zrno zraslo v veliko drevo, na katerem bodo gnezdile ptice. Kaj nas je Jezus želel naučiti skozi to priliko o gorčičnem zrnu? Da lahko samo z vero pridobimo nebesa ter da obstajajo različne mere vere. In četudi imate danes „majhno" mero vere, jo lahko vzgojite v „veliko" vero.

Tudi vera, ki je majhna kakor gorčično zrno

V Mateju 17:20 Jezus pravi: *"Zato, ker imate malo vere. Resnično, povem vam: Če bi imeli vero kakor gorčično zrno, bi rekli tej gori: ,Prestavi se od tod tja!', in se bo prestavila in nič vam ne bo nemogoče."* Ko so apostoli dejali „Pomnoži nam vero!", je Jezus odvrnil: *"Če bi imeli vero kakor gorčično zrno, bi rekli tej murvi: ,Izruj se s koreninami vred in se presadi v morje,' in bi vam bila pokorna"* (Luka 17:5-6).

Kakšen je potem duhovni pomen teh vrstic? Kadar je vera majhna kakor gorčično zrno in zraste v veliko vero, takrat ne bo prav nič nemogoče. Ko človek sprejme Jezusa Kristusa, mu je dana vera kakor gorčično zrno. Ko to zrno zasadi v svoje srce, bo vzklilo in ko zraste v veliko vero v velikosti drevesa, na katerem gnezdijo ptice, takrat bodo tega človeka spremljala dela Božje moči, kakršna je delal Jezus – slepi bodo videli, gluhi bodo slišali, hromi bodo poskakovali in mrtvi bodo spet živeli.

Če ste prepričani v svojo vero, a vas ne spremljajo dela Božje moči in imate hkrati težave v družini ali na poslovnem področju, potem vaša vera, ki je bila v osnovi majhna kakor gorčično zrno, še ni zrasla v velikost drevesa.

Proces rasti duhovne vere

V Prvem Janezovem pismu 2:12-14 apostol Pavel na kratko opisuje rast duhovne vere.

„Pišem vam, otroci, ker so vam zaradi Njegovega imena odpuščeni grehi. Pišem vam, očetje, ker ste spoznali Njega, ki je od začetka. Pišem vam, mladi, ker ste premagali hudiča. Vam, otroci, sem pisal, ker ste spoznali Očeta. Vam, očetje, sem pisal, ker ste spoznali Tistega, ki je od začetka. Vam, mladi, sem pisal, ker ste močni in je Božja beseda v vas in ste premagali hudiča."

Pomembno se je zavedati, da je za rast vere potreben določen proces. Razviti je namreč potrebno vero očetov, s katero ste sposobni poznati Boga, ki je obstajal že pred začetkom časa. Nikakor pa se ne smete zadovoljiti s stopnjo vere otrok, katerih grehi se odpuščajo na račun Jezusa Kristusa.

Poleg tega, kot pravi Jezus v Mateju 13:33: *„Nebeško kraljestvo je podobno kvasu, ki ga je vzela žena in ga umesila v tri merice moke, dokler se ni vse prekvasilo."*

Zatorej morate razumeti, da lahko vaša vera zraste iz velikosti gorčičnega zrna v veliko vero tako hitro kot lahko peščica kvasa skvasi vse testo. Kot pravi Prvo pismo Korinčanom 12:9 je vera duhovni dar od Boga.

Za nebesa je potrebno prodati vso imetje

Za pridobitev nebes se je treba močno potruditi, saj jih lahko dosežete le skozi vero, za kar pa je potrebno iti skozi proces rasti vere. Tudi na tem svetu je potrebno veliko truda, da bi dosegli bogastvo in slavo. Samo pomislite, koliko denarja je na primer potrebno za nakup hiše. Tako močno garate, da bi kupili in vzdrževali vse te materialne stvari, ki pa jih ne morete obdržati za vedno. Koliko več truda potem terja šele razkošje in nebeško bivališče, ki bo vaše za vedno?

V Mateju 13:44 Jezus pravi: *„Nebeško kraljestvo je podobno zakladu, skritemu na njivi, ki ga je nekdo našel in spet skril. Od veselja nad njim je šel in prodal vse, kar je imel, in kupil tisto njivo."* V Mateju 13:45-46 pa dodaja: *„Nebeško kraljestvo je tudi podobno trgovcu, ki išče lepe bisere. Ko najde en dragocen biser, gre in proda vse, kar ima, in ga kupi."*

Kakšne skrivnosti nebes razkrivata priliki o zakladu na njivi in lepem biseru? Jezus je v svojih prilikah običajno uporabil vsakdanje predmete. No, pa si najprej poglejmo priliko o „zakladu, skritemu na njivi."

Živel je nek revni kmet, ki se je preživljal s priložnostnimi deli. Ob priložnosti je sprejel ponudbo za delo od svojega soseda. Ta mu je dejal, da je njegova zemlja nerodovitna, saj že dlje časa ni bila obdelana, a je kljub temu želel zasaditi nekaj sadnih dreves. Nekega dne je kmet z lopato zadel ob nekaj zelo trdega. Nadaljeval je s kopanjem in našel zaklad. Razmišljal je, kako bi zaklad obdržal zase. Nazadnje se je odločil kupiti to zemljišče, na katerem se je skrival zaklad, in ker je bila zemlja nerodovitna, je verjel, da bo lastnik brez oklevanja sprejel ponudbo.

Kmet se je vrnil domov, zbral vse svoje imetje in ga prodal. Ničesar ni obžaloval, kajti odkril je zaklad, ki je bil vreden več kot vse, kar je imel.

Prilika o zakladu na njivi

Kaj nas uči prilika o zakladu, skritemu na njivi? No, pa si oglejmo štiri duhovne pomene te prilike in upam, da vam bo to pomagalo razumeti skrivnosti nebes.

Prvič – njiva predstavlja vaše srce, zaklad pa nebesa. To pomeni, da so nebesa skrita v vašem srcu.

Bog je ustvaril človeka z dušo, duhom in telesom. Duh je človekov gospodar in skozi njega poteka komunikacija z Bogom. Duša se podreja duhu, telo pa služi kot bivališče za duha in dušo. In tako je bil človek nekdaj živa duša, kot piše v Genezi 2:7.

Vendar ko je prvi človek Adam zagrešil greh neposlušnosti, je duh, človekov gospodar, umrl in takrat je duša prevzela vlogo gospodarja. Ljudje so zapadli v greh in zašli na pot smrti, saj je bila komunikacija med njimi in Bogom prekinjena. Postali so ljudje z dušo, ki je bila pod oblastjo sovražnika Satana in hudiča.

Zaradi tega je ljubeči Bog poslal Svojega edinega Sina na ta svet ter dovolil Njegovo križanje in prelitje Njegove krvi kot spravno daritev za naše grehe. In prav to dejanje je odprlo vrata odrešenja za vas, da lahko postanete otroci svetega Boga in ponovno vzpostavite komunikacijo z Njim.

Kdor torej sprejme Jezusa Kristusa kot svojega osebnega Odrešenika, ta bo prejel Svetega Duha in njegov duh bo ponovno oživel. Prav tako bo prejel pravico postati Božji otrok in radost bo napolnila njegovo srce. Takrat bo duh ponovno vzpostavil komunikacijo z Bogom ter prevzel oblast nad dušo in telesom. Hkrati bo tak človek čutil strah do Boga, izpolnjeval Njegovo besedo in opravil svojo človeško dolžnost. Obuditev duha je potemtakem enaka najdbi zaklada na njivi. Nebesa so kakor zaklad na njivi, saj jih hranite v vašem srcu.

Drugič – človek, ki najde zaklad na njivi in ga preplavi radost, pomeni, da ko posameznik sprejme Jezusa Kristusa in prejme Svetega Duha, njegov mrtvi duh oživi in takrat bo radostno dojel, da se v njegovem srcu skrivajo nebesa.

V Mateju 11:12 Jezus pravi: *„Od dni Janeza Krstnika do zdaj si nebeško kraljestvo s silo utira pot in močni ga osvajajo."* Apostol Janez pa v Razodetju 22:14 dodaja: *„Blagor njim, ki perejo svoja oblačila, da bi imeli pravico do drevesa življenja in da bi smeli stopiti skozi vrata v mesto."*

Skozi te vrstice lahko razberemo, da ne bo vsak, ki sprejme Jezusa Kristusa, končal v istem bivališču znotraj nebeškega kraljestva. Bolj ko ste podobni Gospodu in hodite v resnici, veličastnejše bivališče boste podedovali v nebesih.

To pomeni, da kdor ljubi Boga in goji upanje po nebesih, se bo vedno ravnal po Božji besedi ter dosegel veliko podobnost Gospodu, saj bo odpravil vso hudobijo iz svojega srca.

Nebeško kraljestvo pridobimo v tolikšni meri, kolikor si

napolnimo srce z nebesi, torej z dobroto in resnico. In že na tem svetu vas bo prevzela velika radost, ko boste dojeli, da v srcu nosite nebesa.

Tovrstno radost izkusimo tudi takrat, ko prvič srečamo Jezusa Kristusa. Samo pomislite, kako vesel bo nekdo, ki je stopal po poti smrti, a pridobil resnično življenje in večna nebesa skozi Jezusa Kristusa! Prav tako bo hvaležen, da lahko v svojem srcu veruje v nebeško kraljestvo. Veselje človeka, ki je našel zaklad na njivi, tako predstavlja veselje ob sprejetju Jezusa Kristusa in pridobitvi nebeškega kraljestva.

Tretjič – če nekdo ponovno skritje zaklad, potem ko ga je našel, to pomeni, da je njegov mrtvi duh oživel in želi živeti po Božji volji, a tega ni sposoben realizirati, ker ni prejel moči, da bi lahko živel v skladu z Božjo besedo.

Naš kmet ni mogel nemudoma izkopati zaklada, ampak je moral najprej prodati svoje imetje in kupiti zemljišče. Enako se tudi vi zavedate obstoja nebes in pekla ter da lahko le s sprejetjem Jezusa Kristusa stopite v nebesa, vendar ne morete pokazati svojih del takoj, ko začnete poslušati Božjo besedo.

Pred sprejetjem Jezusa Kristusa ste namreč živeli nepravično življenje v nasprotju z Božjo besedo, zato v vašem srcu ostaja veliko nepravičnosti. In če ne odpravite vseh teh neresnic iz vašega srca, medtem ko izpovedujete vašo vero v Boga, vas bo Satan še naprej vodil k temi in posledično ne boste mogli živeti po Božji besedi. Tako kot je kmet prodal vse svoje imetje in kupil zemljišče, tako boste lahko tudi vi pridobili zaklad v vaše srce šele takrat, ko odpravite vse neresnice in dosežete resnično srce, kakršnega si želi Bog.

Zato morate slediti resnici, ki je Božja beseda, tako da se zanašate na Boga in goreče molite. Samo tako se boste očistili neresnice in prejeli moč za ravnanje in življenje v skladu z Božjo besedo. Samo takšni ljudje bodo odšli v nebesa. Tega nikoli ne pozabite!

Četrtič – prodaja vsega imetja pomeni, da je za oživitev mrtvega duha, ki bi nato postal človekov gospodar, potrebno uničiti vse neresnice, ki pripadajo duši.

Ob oživitvi mrtvega duha boste dojeli, da nebesa resnično obstajajo. In da bi pridobili nebesa, izkazujte svojo vero z deli ter uničite vse neresnične misli, ki pripadajo duši in so pod oblastjo Satana. Dejansko gre za enak princip kot pri piščancu, ki mora predreti jajčno lupino, da bi lahko stopil na ta svet.

Da bi v celoti pridobili nebesa, morate torej odpraviti vsa dela in poželenja mesa. Še več – postati morate oseba popolnega duha, ki v celoti odseva božansko naravo Gospoda (1 Tesaloničanom 5:23).

Dela mesa so utelešenje hudobije srca, poželenja mesa pa se nanašajo na grešno naravo v srcu, ki lahko vsak hip obrodi delo mesa. Na primer, kadar v srcu nosite sovraštvo, gre za poželenje mesa, vse dokler se to sovraštvo ne spremeni v dejanje, ko denimo udarite drugo osebo. Na tak način bo poželenje mesa obrodilo delo mesa.

Pismo Galačanom 5:19-21 jasno pravi: „*Sicer pa so dela mesa očitna. To so: nečistovanje, nečistost, razuzdanost, malikovanje, čaranje, sovraštva, prepirljivost, ljubosumnost, jeze, častihlepnosti, razprtije, strankarstva, nevoščljivosti, pijančevanja, žretja in kar je še takega. Glede tega vas vnaprej opozarjam, kakor sem vas že opozoril: tisti, ki počenjajo takšne stvari, ne bodo podedovali Božjega kraljestva."* Pismo Rimljanom 13:13-14 nas uči: *"Živimo pošteno, kakor se podnevi spodobi: ne v požrešnosti in v popivanju, ne v posteljah in v razuzdanosti, ne v prepirljivosti in v nevoščljivosti. Pač pa si oblecite Gospoda Jezusa Kristusa in ne skrbite za meso, da bi stregli njegovim poželenjem."* Pismo Rimljanom 8:5 pa dodaja: *"Kajti tisti, ki so po mesu, mislijo na to, kar je meseno; tisti pa, ki so po Duhu, mislijo na to, kar je duhovno."*

Prodaja vsega imetja potemtakem pomeni uničenje vseh neresnic, del in poželenj mesa, ki so v nasprotju z Božjo besedo in voljo, ter odstranitev vsega, kar ste ljubili bolj kot Boga.

Če se boste na ta način borili proti grehom in hudobiji, bo vaš duh čedalje bolj oživel in lahko boste živeli po Božji besedi ter stregli poželenjem Svetega Duha. Naposled boste postali človek duha, ki v celoti odseva božansko naravo Gospoda (Filipljanom 2:5-8).

Nebesa pridobimo v tolikšni meri, kot smo jih dosegli v srcu

Človek, ki pridobi nebesa skozi vero, je to dosegel tako, da je prodal vse svoje imetje in odpravil vso hudobijo. Naposled, ob vrnitvi Gospoda, bodo nebesa, ki so bila dotlej kakor senca, zanj postala realnost oziroma večno življenje. Kdor pridobi nebesa, postane najbogatejši človek, četudi je odvrgel vse, kar je imel na tem svetu. Po drugi strani pa je tisti, ki ni pridobil nebes, najrevnejši človek, četudi si lasti veliko bogastvo na tem svetu. Vse, kar potrebujete, je namreč v Jezusu Kristusu, in vse izven Njega je brez vrednosti, kajti po smrti nas čaka le večna sodba. Ravno zato se je Matej odpovedal svojemu poklicu in sledil Jezusu. Tudi Peter je zato odvrgel čoln in mrežo ter začel slediti Jezusu. Celo apostol Pavel je vse svoje imetje smatral za smeti, potem ko je sprejel Jezusa Kristusa. Apostoli so tako ravnali, ker so želeli najti in izkopati zaklad, ki je bil vreden več kot vse na tem svetu.

In na enak način morate tudi vi izkazati vašo vero z deli, tako da se ravnate po besedi resnice in odpravite vse neresnice, ki nasprotujejo Bogu. V srcu morate doseči nebeško kraljestvo, tako da prodate vse neresnice, kot so trmoglavost, ponos in vzvišenost, na katere ste doslej gledali kot na zaklad znotraj vašega srca.

Nikar ne hrepenite po stvareh na tem svetu, temveč prodajte vse vaše imetje, saj boste le tako dosegli nebesa v vašem srcu in podedovali večno nebeško kraljestvo.

3. V hiši mojega Očeta je veliko bivališč

V Janezu 14:1-3 se lahko prepričamo, da je v nebesih veliko bivališč, in Jezus Kristus je odšel, da bi vam pripravil prostor v nebesih.

> *Vaše srce naj se ne vznemirja. Verujete v Boga, tudi Vame verujte! V hiši Mojega Očeta je veliko bivališč. Če bi ne bilo tako, ali bi vam rekel: Odhajam, da vam pripravim prostor? Ko odidem in vam pripravim*

prostor, Bom spet prišel in vas vzel k Sebi, da boste tudi vi tam, kjer sem Jaz.

Gospod je odšel, da vam pripravi nebeško bivališče

Jezus je Svojim učencem razodel dogodke, ki se bodo zvrstili tik pred Njegovim križanjem. Nato se je uzrl na Svoje učence, ki so bili zaskrbljeni, potem ko so slišali o izdajstvu Jude Iškarjota, Petrovi zatajitvi in Njegovi neizbežni smrti, ter jih tolažil z besedami o nebeških bivališčih.

Zato je Jezus rekel: „V hiši Mojega Očeta je veliko bivališč. Če bi ne bilo tako, ali bi vam rekel: Odhajam, da vam pripravim prostor?" Jezus je bil križan in je resnično vstal od mrtvih po treh dneh ter tako premagal oblast smrti. Nato se je štirideset dni prikazoval učencem in izbranim pričam, preden je odšel v nebesa, da bi nam tam pripravil prostor.

Toda kaj potem pomenijo besede: „Odhajam, da vam pripravim prostor?" Kot piše v 1 Janezu 2:2: „*[Jezus] On je namreč spravna daritev za naše grehe, pa ne le za naše, temveč tudi za ves svet.*" To pomeni, da je Jezus podrl zid greha med človeštvom in Bogom, zato lahko vsak pridobi nebesa skozi vero.

Brez Jezusa Kristusa zid med vami in Bogom ne bi padel. V času stare zaveze je človek daroval žrtveno daritev v spravo za svoje grehe. A Jezus nam je s Svojim žrtvovanjem omogočil, da so nam grehi lahko odpuščene in da lahko postanemo posvečeni (Hebrejcem 10:12-14).

Samo skozi Jezusa Kristusa lahko pade zid greha med Bogom in vami, in samo po Jezusu Kristusu ste lahko blagoslovljeni za odhod v nebeško kraljestvo, kjer boste uživali življenje v večni sreči.

„V hiši mojega Očeta je veliko bivališč"

V Janezu 14:2 Jezus pravi: *„V hiši mojega Očeta je veliko bivališč."* Ta vrstica nazorno izžareva srce Gospoda, ki si želi, da bi se vsi rešili. In mimogrede, čemu je Jezus uporabil izraz „v hiši mojega Očeta", namesto „v nebeškem kraljestvu"? Razlog je ta, ker si Bog ne želi „prebivalcev", ampak si želi „otrok", s katerimi bi lahko kot Oče delil ljubezen za vedno.

Nebesa, v katerih vlada Bog, so dovolj velika za vse ljudi, ki so dosegli odrešenje po veri. Gre za tako čudovit in izjemen kraj, da ga ni moč primerjati s tem svetom. Prostranost nebes je nepredstavljiva in najveličastnejši kraj je Novi Jeruzalem, kjer se nahaja Božji prestol. Tako kot imamo Modro hišo v Seulu, glavnem mestu Koreje, in Belo hišo v Washingtonu, glavnem mestu Združenih držav, kjer živita predsednika teh držav, tako se v Novem Jeruzalemu nahaja prestol Boga.

In kje je lociran Novi Jeruzalem? Ta kraj, kjer bodo za vedno živeli ljudje, ki so najbolj razveseljevali Boga, se nahaja v samem osrčju nebes. Medtem pa na obrobju nebes najdemo raj, kjer bodo bivali tisti, ki so zgolj sprejeli Jezusa Kristusa in niso naredili ničesar za Božje kraljestvo. Tak primer je hudodelec, ki je tik pred smrtjo na križu sprejel Jezusa Kristusa in bil rešen.

Nebesa se dajejo po meri vere

Čemu je Bog pripravil toliko različnih bivališč v nebesih za Svoje otroke? Bog je pravičen in vam dovoljuje žeti, kar ste sejali (Galačanom 6:7), in vsakogar nagrajuje po njegovih delih (Matej 16:27; Razodetje 2:23). Zato je tudi pripravil različna bivališča v skladu z mero vere.

Pismo Rimljanom 12:3 pravi: „*Sicer pa naročam po milosti, ki mi je dana, vsakomur izmed vas: ne imejte visokih misli, saj je to v nasprotju s tem, kar je treba misliti, ampak mislite na to, da boste premišljeni; vsak pač po meri vere, ki mu jo je Bog dal.*"

Zavedati se je torej treba, da bo vsak posameznik v nebesih deležen različnega bivališča in slave, vse v skladu z njegovo mero vere.

Nebeško bivališče vam bo dodeljeno v odvisnosti od tega, v kolikšni meri odsevate srce Boga, oziroma v kolikšni meri ste kot duhovna oseba vzgojili nebesa v vašem srcu.

Vzemimo primer, ko otrok in odrasla oseba tekmujeta v neki športni disciplini ali pa vodita razpravo. Njuna svetova sta tako zelo različna, da bo otroku kmalu postalo dolgčas v družbi odrasle osebe. Način razmišljanja, govorica in tudi samo vedenje otrok se močno razlikuje od odraslih oseb. Zato je običajno bolj zabavno, ko se otroci družijo z otroci, mladi z mladimi in odrasli z odraslimi.

In enako velja v duhovnosti. Ker se duh od posameznika do posameznika razlikuje, je Bog pravičnosti in ljubezni razdelil nebeška bivališča v skladu z različnimi merami vere, tako da bodo Njegovi otroci lahko srečno živeli.

Gospod bo prišel, ko pripravi nebeška bivališča

V Janezu 14:3 Jezus obljublja, da se bo vrnil in nas vzel k Sebi v nebeško kraljestvo, potem ko nam pripravi prostor.

Predstavljajte si človeka, ki je imel veliko vere, zato je bil deležen Božje milosti in ga je v nebesih čakalo veliko nagrad. Toda če se bo vrnil k posvetnemu načinu življenja, bo izgubil odrešenje, zapravil vse nebeške nagrade in končal v peklu. In četudi ne pade v pekel, lahko njegove nagrade še vedno gredo v nič.

V kolikor bo osramotil in s tem razočaral Boga, ali če bo nazadoval pri svoji stopnji vere oziroma ostajal na enaki stopnji v svojem krščanskem življenju, čeprav bi moral vselej samo napredovati, takrat bodo njegove nagrade izginile.

Kljub temu pa Gospod nikoli ne pozabi vsega dobrega, kar ste v veri storili za nebeško kraljestvo. Prav tako, če si posvetite srce, tako da ga obrežete v Svetem Duhu, boste stali ob Gospodu ob Njegovi vrnitvi in odšli v nebesa, kjer boste sijali kakor sonce. Gospod si za vse Svoje otroke želi, da bi bili popolni, zato je tudi rekel: *"Ko odidem in vam pripravim prostor, Bom spet prišel in vas vzel k Sebi, da boste tudi vi tam, kjer sem Jaz."* Jezus pričakuje, da se boste očistili, tako kot je čist tudi Sam, in se oklepali neomajne izpovedi upanja.

Ko je Jezus izpolnil Božjo voljo in močno poveličal Boga, je tudi Bog poveličal Jezusa in Mu dal novo ime: „Kralj kraljev in Gospod gospodov." In enako bo tudi vas Bog vodil do slave, v kolikor Ga boste poveličevali na tem svetu. V tolikšni meri, ko boste odsevali podobnost Bogu in bili ljubljeni od Njega, toliko bliže Božjemu prestolu boste bivali v nebesih.

Nebeška bivališča čakajo na svoje gospodarje, na Božje otroke, podobno kot neveste, ki so pripravljene sprejeti svoje ženine. V ta namen je tudi apostol Janez v Razodetju 21:2 zapisal: „*Videl sem tudi sveto mesto, novi Jeruzalem, ko je prihajal z neba od Boga, pripravljen kakor nevesta, ki se je ozaljšala za svojega ženina.*"

Še vedno pa tudi tiste najlepše strani prekrasne neveste tega sveta nikakor ne gre primerjati z udobjem in srečo nebeških bivališč. Nebeški domovi nudijo prav vse, saj znajo brati misli svojih gospodarjev, da bi ti lahko živeli v sreči za vedno.

Pregovori 17:3 pravijo: „*Plavž je za srebro, peč je za zlato, srca pa preizkuša GOSPOD.*" Zato molim v imenu Gospoda Jezusa Kristusa, da bi se zavedali, da Bog oblikuje ljudi v prave Božje otroke. Hkrati pa molim, da bi se posvetili z upanjem po Novem Jeruzalemu ter si s silo in zvestobo v vsej Božji hiši utrli pot v najveličastnejši predel nebes.

5. poglavje

Kako bomo živeli v nebesih?

1. Način življenja v nebesih
2. Nebeška oblačila
3. Nebeška hrana
4. Nebeška prevozna sredstva
5. Nebeška zabava
6. Čaščenje, izobraževanje in kultura v nebesih

So nebesna in zemeljska telesa.
Toda drugo je veličastvo nebesnih teles,
drugo zemeljskih.
Drugo je veličastvo sonca
in drugo veličastvo lune
in drugo veličastvo zvezd.
Zvezda se namreč
od zvezde razlikuje po veličastvu.

- 1 Korinčanom 15:40-41 -

Sreče v nebesih ni moč primerjati niti z najboljšimi in najbolj čudovitimi rečmi na tem svetu. Tudi ko se zabavate z vašimi ljubljenimi na plaži in zrete v obzorje, je ta sreča zgolj začasna in ni resnična. V enem kotičku vašega uma namreč ostajajo skrbi o stvareh, s katerimi se boste morali soočiti ob vrnitvi v vsakdanje življenje. In četudi bi tako lepo živeli mesec, dva ali vse leto, bi se kmalu naveličali in začeli iskati kaj novega.

Medtem pa v nebesih, kjer je vse bleščeče in čudovito kakor kristal, življenje predstavlja srečo samo, saj je tam vse novo, skrivnostno, veselo in ves čas srečno. Preživljate lahko vesele trenutke z Bogom Očetom ali pa uživate v vaših hobijih, priljubljenih igrah in drugih zanimivih aktivnostih. No, pa si poglejmo, kako bodo po odhodu v nebesa živeli Božji otroci.

1. Način življenja v nebesih

Ko se bo v nebesih vaše fizično telo preoblikovalo v duhovno telo, ki ga sestavlja duh, duša in nebeško telo, boste lahko prepoznali vašo ženo, moža, otroke in starše iz tega sveta. Prav tako boste prepoznali vašega pastirja oziroma čredo iz tega sveta. Spomnili se boste vsega, kar je bilo pozabljenega. Kazali boste veliko modrost, saj boste znali prepoznati in razumeti Božjo voljo.

Nekateri se morda sprašujejo: ‚Ali bodo v nebesih razkriti vsi moji grehi?' Ne bodo! Če ste se pokesali, Bog ne bo pomnil vaših grehov kakor je vzhod oddaljen od zahoda (Psalmi 103:12), ampak samo vaša dobra dela, kajti ob vstopu v nebesa bodo vsi

vaši grehi že pozabljeni.
In kako se bomo v nebesih spremenili in živeli?

Nebeško telo

Ljudje in živali tega sveta imajo svojo lastno obliko in tako je moč zlahka prepoznati, ali gre za slona, leva, orla ali človeka.

In tako kot ima vsako živo bitje na tem tridimenzionalnem svetu svojo lastno obliko, tako bomo imeli svojo edinstveno obliko tudi v nebesih, ki so štiridimenzionalna. Temu pravimo nebeško telo, po katerem boste v nebesih prepoznali drug drugega. Toda kakšno podobo bo imeli to telo?

Ob prihodu Gospoda v zraku si bo vsak od vas nadel obujeno duhovno telo. Po veliki sodbi se bo to obujeno telo preoblikovalo v nebeško telo. Luč slave, ki bo sijala iz nebeških teles, se bo razlikovala v skladu z nagradami vsakega posameznika.

Nebeško telo sestavljajo kosti in meso, takšen kot je bil tudi Jezus po Njegovem vstajenju (Janez 20:27), vendar pa gre za novo telo iz duha, duše in nepropadljivega telesa. Naše propadljivo telo se bo po Božji besedi in moči spremenilo v novo telo.

Nebeško telo, ki sestoji iz večno nepropadljivih kosti in mesa, bo močno sijalo, saj bo prenovljeno in povsem čisto. Četudi posamezniku manjka roka ali noga oziroma je invalid, bo njegovo nebeško telo popolno.

Nebeško telo pa ni nejasno kakor senca, temveč ima izrazito obliko in se ne podreja času in prostoru. Ravno zato je Jezus prosto stopil skozi zid oziroma zaprta vrata, ko se je po vstajenju prikazal učencem (Janez 20:26).

Telo na tem svetu bo z leti postalo nagubano in uvelo, medtem pa bo nepropadljivo nebeško telo ves čas sveže in bo ohranjalo mladosten videz ter sijalo kakor sonce.

Triintrideset let

Mnogi se sprašujejo, ali so nebeška telesa velika kakor odrasla oseba ali majhna kakor otrok. V nebesih bo vsak, pa naj je umrl kot mlad ali star človek, imel večno mladost osebe triintridesetih let, toliko kot je bil star Jezus, ko je bil križan na tej zemlji.

Toda zakaj nam bo Bog dovolil večno živeti kot triintridesetletnikom? Tako kot je sonce najsvetlejše opoldan, tako je posameznikovo življenje na vrhuncu okoli njegovega triintridesetega leta.

Tisti mlajši od triintrideset let bodo morda nekoliko neizkušeni in nezreli, starejši pa bodo imeli čedalje manj energije. Medtem pa so ljudje, ki so stari okrog triintrideset let, zreli in čudoviti v vseh pogledih. Prav tako jih je večina že poročenih in ima otroke, zato razumejo, vsaj do neke mere, srce Boga, ki tudi Sam vzgaja ljudi na tej zemlji.

Na ta način vas bo Bog preoblikoval v nebeška bitja in tako boste v nebesih za vedno ohranjali mladost triintridesetih let, ki velja za najlepše obdobje človekovega življenja.

V nebesih ni bioloških razmerij

Kako nenavadno bi bilo, če bi v nebesih večno živeli s fizično podobo, kot ste jo imeli v trenutku smrti na tej zemlji? Predstavljajmo si, da nek posameznik umre pri svojih štiridesetih letih in gre v nebesa. Njegov sin se mu kasneje pridruži v nebesih pri svojem petdesetem letu starosti, njegov vnuk pa v svojem devetdesetem letu. Ko bi se srečali v nebesih, bi potemtakem bil vnuk videti najstarejši, dedek pa najmlajši.

V nebesih, kjer vlada Bog s Svojo pravičnostjo in ljubeznijo, je zato vsak star triintrideset let in biološka razmerja iz te zemlje ne pomenijo ničesar.

V nebesih nihče nikogar ne kliče ,oče', ,mati', ,sin' ali ,hčerka', četudi so bili družinski člani na tej zemlji. Kot Božji otroci so vsi med seboj bratje in sestre. Še vedno pa lahko med seboj gojijo posebno ljubezen, saj se spominjajo, kako so na zemlji kot starši in otroci močno ljubili drug drugega.

Kaj pa v primeru, ko je mati poslana v drugo nebeško kraljestvo, njen sin pa v Novi Jeruzalem? Na tej zemlji mora sin služiti svoji materi, v tem primeru pa se bo mati priklanjala sinu, saj ta odseva večjo podobnost Bogu Očetu in iz njegovega nebeškega telesa izhaja veliko močnejša svetloba.

Zato v nebesih drugih ne boste klicali po imenu ali nazivu, kot to počnete na tej zemlji, temveč bo Bog Oče vsakemu dodelil primerno ime, ki nosi duhovni pomen. Bog je namreč že na tej zemlji spremenil imena Abram v Abraham, Sarája v Sara in Jakob v Izrael, kar pomeni, da so se ti ljudje bojevali z Bogom in zmagali.

Razlika med moškimi in ženskami v nebesih

V nebesih ni poroke, a vendar obstaja jasna razlika med moškimi in ženskami. Prva razlika je ta, da moški merijo v višino okrog 1.88 m, ženske pa 1.73 m.

Nekateri ljudje si delajo preglavice zaradi telesne višine, toda v nebesih je ta skrb odveč. Ravno tako kot tudi skrb okrog telesne teže, saj bo vsak imel najprimernejšo in najlepšo postavo.

Četudi se na pogled ne zdi tako, nebeška telesa nimajo nobene teže, zato tudi kadar se nekdo sprehaja po cvetju, leto ne bo uničeno oziroma poteptano. Nebeškega telesa tudi ni mogoče stehtati, vendar ga kljub temu ne bo odpihnil veter, saj je zelo stabilno. Prisotnost teže, pa čeprav je ne čutite, pomeni, da ohranjate določeno obliko in podobo. Nekako tako kot pri dvigu lista papirja ne čutite njegove teže, a vseeno veste, da papir vendarle ima določeno težo.

Lasje v nebesih so svetlolasi in rahlo nakodrani. Moški lasje sežejo do vratu, medtem ko se ženski razlikujejo po dolžini od osebe do osebe. Dolgi ženski lasje ponazarjajo, da je ta prejela veličastne nagrade, in tisti najdaljši lasje sežejo celo do pasu. Zato je ženskam v izjemno čast in ponos, kadar imajo dolge lase (1 Korinčanom 11:15).

Na tem svetu večina žensk hrepeni po lepi in nežni koži brez gub, zato se poslužujejo različnih kozmetičnih izdelkov. Medtem pa bo v nebesih vsak imel brezhibno kožo, ki bo zdrava, čista in sijoča od luči slave.

Poleg tega, ker v nebesih ni hudobije, tudi ni nobene potrebe po nanosu ličil in odveč so skrbi o vašem zunanjem videzu, saj je tam vse videti prekrasno. Luč slave, ki izhaja iz nebeških teles, je toliko bolj bela, bleščeča in sijoča, vse v skladu s tem, kako je posameznik posvečen in odseva srce Gospoda. Na ta način se določa in ohranja tudi duhovni red.

Srce nebeških ljudi

Ljudje z nebeškimi telesi imajo srce duha samega, ki izžareva božansko naravo in je povsem brez hudobije. Tako kot si ljudje tega sveta želijo posedovati in se dotakniti vsega dobrega in lepega, tako si nebeški ljudje želijo občutiti lepoto drugih ljudi, jih občudovati in se jih dotakniti z velikim zadovoljstvom. Toda v nebesih ni ne pohlepa in ne zavisti.

Na tem svetu se ljudje spreminjajo v skladu s svojimi lastnimi koristmi in se hitro naveličajo drugih ljudi in stvari, četudi so te lepe in dobre. Medtem pa srca nebeških ljudi ne poznajo pretkanosti in se nikoli ne spremenijo.

Spet drug primer je hrana. Revni ljudje na tem svetu so zadovoljni tudi s tisto bolj poceni in manj zdravo hrano. A takoj ko ti ljudje nekoliko obogatijo, ta ista hrana naenkrat več ni okusna in iščejo bolj kakovostno hrano. Tudi kadar otroku kupite novo igračko, bo sprva zelo vesel, a veselje bo trajalo le nekaj dni, ko bo igračko zasovražil in si zaželel nekaj novega. V nebesih pa ni tovrstne miselnosti in kadar vam je neka stvar všeč, vam bo všeč za vedno.

2. Nebeška oblačila

Nekateri morda mislijo, da so oblačila v nebesih enaka oblačilom na zemlji, a to ne drži. Bog je Stvarnik in pravični Sodnik, ki ljudem povrne po njihovih delih, zato bodo poleg nebeškega plačila oziroma nebeških nagrad tudi oblačila odvisna od posameznikovih del s te zemlje (Razodetje 22:12). No, in kakšna bodo potem ta naša oblačila v nebesih?

Nebeška oblačila različnih barv in krojev

V nebesih ima vsak nadeta svetla, bela in bleščeča oblačila. Oblačila so mehka kakor svila in tako peresno lahka, kot bi bila brez teže.

Ker pa je vsak posameznik dosegel različno mero posvečenosti, je različen tudi sijaj svetlobe, ki ga oddajajo njegova oblačila. Bolj ko nekdo odseva sveto Božje srce, bolj svetla in bleščeča bodo njegova oblačila.

Prav tako, odvisno od tega, koliko ste naredili za Božje kraljestvo in kako ste poveličevali Boga, temu primerno boste prejeli oblačila različnih krojev in različnega blaga.

Na tem svetu ljudje nosijo različna oblačila gleda na njihov socialni in ekonomski status. In enako boste tudi v nebesih nosili oblačila različnih krojev in barv, s tem ko se boste povzpeli na višji položaj. Razlikujejo se tudi pričeske in modni dodatki.

V starih časih so ljudje že po barvah oblačil posameznika prepoznali njegov družbeni razred. In enako tudi nebeški ljudje prepoznajo položaj in višino nagrad, ki so bile dane posamezniku v nebesih. Nošenje oblačil določenih barv in krojev pomeni, da je oseba prejela večjo mero slave.

Kdor bo odšel v Novi Jeruzalem oziroma je veliko prispeval za Božje kraljestvo, ta bo prejel najbolj čudovita, barvita in bleščeča oblačila.

Če torej niste naredili veliko za Božje kraljestvo, boste v nebesih prejeli le nekaj kosov oblačil. Po drugi strani pa boste prejeli številna oblačila različnih barv in krojev, v kolikor ste trdno garali z ljubeznijo in vero v Božje kraljestvo.

Različno okrašena nebeška oblačila

Bog nam bo dal oblačila z različnim okrasjem, ki bodo odražala posameznikovo slavo. Tako kot so člani kraljeve družine nekdaj izkazovali svoj položaj z okrasjem na oblačilih, tako bodo tudi v nebesih oblačila z različnim okrasjem odražala posameznikov nebeški položaj in slavo.

Nebeška oblačila bodo tako vsebovala okrasne dekoracije zahvale, čaščenja, molitve, radosti, slave in tako naprej. Kadar v tem življenju pojete hvalnice za prejeto ljubezen in milost Boga Očeta in Gospoda, ali kadar pojete v Božjo slavo, takrat Bog začuti vaše srce kot čudovito aromo in vam dodeli okrasje čaščenja na vaša oblačila, ki vas čakajo v nebesih.

Okrasje radosti in zahvale bodo prejeli ljudje, ki so bili resnično radostni in hvaležni v svojih srcih ter niso pozabili milosti Boga Očeta, ki je tudi v času trpljenja in preizkušenj človeštvo blagoslovil z večnim življenjem v nebeškem kraljestvu.

Potem je tukaj okrasje molitve, ki ga bodo deležni tisti, ki so molili s svojim življenjem za Božje kraljestvo. Med vsem okrasjem pa je še najlepše okrasje slave, ki si ga je hkrati tudi najtežje prislužiti, saj se daje samo tistim, ki so z resničnim srcem dali prav vse za Božjo slavo. Tako kot kralj ali predsednik podeli posebno častno medaljo vojaku za zgledno in predano služenje, tako se to okrasje slave daje predvsem tistim, ki so trdno garali za Božje kraljestvo in neprenehoma slavili Boga. Kdor si bo torej nadel oblačila z okrasjem slave, ta bo eden najbolj plemenitih prebivalcev nebeškega kraljestva.

Venci in dragulji

Nebesa so polna draguljev. Nekateri med njimi se dajejo kot nagrade in so nameščeni na oblačila. V knjigi Razodetja lahko preberemo, kako Jezus nosi zlati venec na glavi in zlati pas čez prsi, ki ju je dobil od Boga kot nagrado.

Sveto pismo omenja tudi različne vence, ki se dajejo kot nagrade in posledično se razlikuje tudi njihova vrednost in pogoji za njihovo prejetje.

Različni venci se tako dajejo v skladu s posameznikovimi deli. Med njimi so nevenljivi venec, ki se daje tekmovalcem (1 Korinčanom 9:25); venec slave za tiste, ki so poveličevali Boga (1 Peter 5:4); venec življenja za tiste, ki so bili zvesti vse do smrti (Jakob 1:12; Razodetje 2:10); zlati venec, ki ga nosi štiriindvajset starešin okrog Božjega prestola (Razodetje 4:4, 14:14); ter venec pravičnosti, po katerem je hrepenel apostol Pavel (2 Timoteju 4:8).

Venci imajo tudi različne oblike in so okrašeni z dragulji. Med njimi so rožnati venec, bisernati venec, z zlatom okrašeni venec in tako naprej. Po vrsti venca lahko prepoznate posameznikovo svetost in njegove nagrade.

Na zemlji lahko vsakdo kupi dragulje, če le ima denar, medtem pa si jih boste v nebesih lastili le takrat, ko jih boste prejeli kot nagrado. Dejavniki, kot so število ljudi, ki ste jih popeljali do odrešenja, količina daritev, ki ste jih izročili z resničnim srcem, ter mera vaše zvestobe, bodo vsi vplivali na vrsto vaših nagrad. Iz tega razloga se morajo dragulji in venci razlikovati, saj se dajejo v skladu s posameznikovimi deli. Razlikujejo pa se tudi sijaj, lepota, razkošje ter število draguljev in vencev.

In enako velja za bivališča in domove v nebesih. Bivališča se razlikujejo v skladu s posameznikovo mero vere. Velikost, lepota, sijaj zlata in draguljev, vse se močno razlikuje od hiše do hiše. Ta nebeška bivališča si bomo podrobneje ogledali od šestega poglavja naprej.

3. Nebeška hrana

Ko sta Adam in Eva živela v Edenu, sta jedla samo zelenje s semenom in sadje (Geneza 1:29). Toda kasneje sta bila zaradi Adamove neposlušnosti izgnana iz edenskega vrta in takrat sta začela jesti poljščine. Po vesoljnem potopu je bilo ljudem dovoljeno jesti meso. Posledično je človek postal bolj hudoben in temu primerno se je spreminjala tudi hrana.

No, in kaj boste potem jedli v nebesih, kjer ni hudobije? Nekatere se morda sprašujete, ali nebeško telo sploh potrebuje hrano, a dejansko lahko v nebesih pijete vodo življenja ter uživate ali vonjate vse vrste sadov.

Dihanje nebeškega telesa

Tako kot ljudje dihamo na tej zemlji, tako dihajo tudi nebeška telesa v nebesih. Seveda nebeškemu telesu sploh ni potrebno dihati, vendar pa si lahko na ta način nekoliko odpočije. Dihanje pa ne poteka samo skozi nos in usta, ampak tudi z očmi, posameznimi telesnimi celicami ali celo s srcem.

Bog vdihuje kadilo naših src, ker je Duh. V času Stare zaveze je bil Bog zadovoljen z žrtvovanjem pravičnih mož in je zaduhal prijetni vonj njihovih src (Geneza 8:21). V Novi zavezi je Jezus, ki je popoln in brez madeža, daroval Sebe za nas kot blago dišečo daritev in žrtev Bogu (Efežanom 5:2).

Bog torej čuti aromo vašega srca, medtem ko Ga častite, molite ali pojete hvalnice z resničnim srcem. Bolj ko ste podobni Gospodu in postanete pravični, bolj boste širili aromo Kristusa, ki bo sprejeta kot dragocena daritev Bogu. Bog namreč z zadovoljstvom sprejema vaše čaščenje in molitve skozi dihanje.

V Mateju 26:29 lahko vidite, kako Gospod moli za vas že vse odkar se je povzpel v nebesa, ne da bi karkoli pojedel v zadnjih dveh tisočletjih. Enako pa lahko tudi nebeška telesa živijo brez hrane ali dihanja. Tudi vi boste večno živeli v nebesih, saj se boste spremenili v duhovna telesa, ki nikoli ne propadejo.

Vseeno pa nebeško telo pri dihanju čuti veliko radost in srečo, in posameznikov duh postane poživljen in prenovljen. Tako kot ljudje ohranjajo zdravje skozi zdravo prehrano, tako nebeška telesa uživajo pri vdihavanju dišeče arome v nebesih.

Ko različni sadovi in cvetovi oddajo svojo aromo, jo nebeška telesa z veliko radostjo vdihavajo. In četudi cvetje vedno znova oddaja enako aromo, bo ta vselej prinesla zadoščenje in srečo.

Nebeško telo namreč vpija to čudovito aromo cvetja in sadov kakor parfum. Tako kot vam nanos parfuma prinaša prijeten občutek na tem svetu, tako tudi nebeška telesa čutijo srečo ob vdihavanju čudovite arome.

Izločanje hrane skozi dih

Kako se ljudje hranijo in preživijo v nebesih? V Svetem pismu vidimo, kako je Gospod stopil pred Svoje učence in dihnil vanje

(Janez 20:22) oziroma pojedel nekaj hrane (Janez 21:12-15). Obujeni Jezus pa ni zaužil hrane zaradi lakote, temveč je s tem dejanjem želel deliti radost z učenci ter vam sporočiti, da boste tudi vi z vašimi nebeškimi telesi uživali hrano v nebesih. Zato je v Svetem pismu zapisano, da je Jezus po Njegovem vstajenju pojedel kos kruha in nekaj ribjega mesa za zajtrk.

Zakaj pa potem Sveto pismo pravi, da je Jezus po vstajenju dihnil v Svoje učence? Ob zaužitju hrane v nebesih ta nemudoma razpade in se izloči iz telesa skozi dihanje. V nebesih se hrana razkroji v trenutku in zapusti telo, zato ni nobene potrebe po izločkih in straniščih. Kako prijetno in čudovito je, da zaužita hrana zapusti telo skozi dih v obliki vonja in se razkroji!

4. Nebeška prevozna sredstva

Skozi človeško zgodovino so se z napredkom civilizacije in znanosti pojavila vse hitrejša in udobnejša prevozna sredstva, kot so vozovi, vagoni, avtomobili, ladje, vlaki, letala in tako naprej.

In tudi v nebesih je veliko različnih vrst prevoza. Med drugim je tam javni železniški sistem in tudi zasebna prevozna sredstva, kot so oblačni avtomobili in zlati vagoni.

V nebesih lahko nebeško telo potuje izredno hitro, saj presega dimenzije prostora in časa, vendar je veliko bolj zabavno uporabiti prevozno sredstvo, ki ste ga prejeli kot nagrado.

Načini potovanja v nebesih

Kako veselo in zabavno bi bilo potovati po nebesih in

občudovati lepoto, ki jo je ustvaril Bog!

Vsak kotiček nebes se ponaša z edinstveno lepoto in ker se srce nebeškega telesa nikoli ne spreminja, se ne boste nikoli naveličali, četudi boste večkrat obiskali isti kraj. Potovanje po nebesih je tako vselej zabavno in polno dogodivščin.

Nebeško telo pa dejansko sploh ne potrebuje prevoznega sredstva, saj se nikoli ne utrudi in lahko prosto leti po zraku. Vendar vsa ta različna vozila ponujajo neko dodatno udobje. Nekako tako kot je vožnja z avtobusom nekoliko udobnejša od hoje in tako kot vožnja s taksijem ali lastnim avtomobilom ponuja več udobja kot avtobus ali vlak.

Ko ste na vlaku v nebesih, ki je okrašen z dragulji, lahko potujete na želeno destinacijo brez kakršnihkoli tirnic in vlak se lahko poljubno pomika na levo ali desno in celo navzgor in navzdol.

Kadar prebivalci raja potujejo v Novi Jeruzalem, v ta namen uporabijo nebeški vlak, saj sta ta kraja močno oddaljena drug od drugega. Potnikom to potovanje prinaša veliko razburljivih trenutkov. Vožnja po zraku skozi močno svetlobo in ogledovanje čudovite nebeške pokrajine skozi okna. Še več veselja pa jim vlivajo misli na srečanje z Bogom Očetom.

Med nebeškimi prevoznimi sredstvi je tudi zlati vagon, s katerim se vozijo prebivalci Novega Jeruzalema. Vagon ima bela krila in poseben gumb. Ob pritisku na ta gumb se začne vozilo pomikati samodejno po željah lastnika.

Oblačni avtomobili

Oblaki v nebesih so kot nekakšno okrasje, ki dodaja k nebeški lepoti. Kadar nebeško telo potuje in je obkroženo z oblaki, je zato videti še toliko bolj bleščeče. Oblaki okrog telesa prav tako odsevajo dostojanstvo, slavo in oblast teh nebeških popotnikov.

Sveto pismo pravi, da bo Gospod prišel z oblaki (1 Tesaloničanom 4:16-17), kajti prihod z oblaki slave je veliko bolj veličasten, dostojanstven in čudovit kot prihod v zraku brez vsega. Oblaki v nebesih torej obstajajo zato, da dodajajo k slavi Božjih otrok.

Če ste upravičeni za vstop v Novi Jeruzalem, si boste lastili bolj veličasten oblačni avtomobil, ki ga sestavljajo oblaki slave in ne oblaki iz vodne pare, kot jih poznamo na tej zemlji. Oblačni avtomobil izžareva slavo, dostojanstvo in oblast svojega lastnika. Ne more pa si vsak lastiti oblačnega avtomobila, saj se ta daje samo tistim, ki so kvalificirani za vstop v Novi Jeruzalem, potem ko so dosegli popolno posvečenost in so bili zvesti v vsej Božji hiši.

Kdor pride v Novi Jeruzalem, lahko potuje z Gospodom kamorkoli v svojem oblačnem avtomobilu. Med vožnjo vas bodo spremljali in vam služili angeli in člani nebeške vojske, nekako tako kot uradniki služijo kralju ali princu med njegovim potovanjem. To spremstvo in služenje nebeške vojske in angelov še dodatno naznanja oblast in slavo lastnika.

Oblačne avtomobile praviloma vozijo angeli. Med njimi najdemo enosede za zasebno rabo in večsedežnike, v katerih se lahko skupaj pelje več oseb. Kadar prebivalec Novega Jeruzalema igra golf in se pomika po igrišču, ga pri tem spremlja njegov oblačni avtomobil. Ko se lastnik usede v vozilo, se le-to bliskovito in nežno zapelje do golf žogice.

Predstavljajte si, da se vozite po zraku v oblačnem avtomobilu ob spremstvu nebeške vojske in angelov v Novem Jeruzalemu. In predstavljajte si vožnjo z Gospodom v oblačnem avtomobilu, ali vožnjo na nebeškem vlaku čez prostrane zelene površine z vašimi ljubljenimi. Prav gotovo bi kar prekipevali od sreče.

5. Nebeška zabava

Morda si kdo misli, da življenje v nebesih ni nič kaj zabavno, a to nikakor ne drži. V tem fizičnem svetu se hitro utrudite ali naveličate določene zabavne aktivnosti, medtem pa je zabava v duhovnem svetu vedno nova in osvežujoča.

Že na tem svetu velja, da bolj ko dosežete popolnega duha, globljo ljubezen in srečo boste čutili. V nebesih pa ne boste uživali samo v vaših hobijih, ampak vam bo na voljo tudi več oblik zabave, ki bo neprimerljivo bolj prijetna kot katerakoli oblika zabave na tej zemlji.

Hobiji in igre

Tako kot ljudje tega sveta razvijejo svoje talente in s hobiji obogatijo svoja življenja, tako boste tudi v nebesih uživali v vaših hobijih. In to ne samo v aktivnostih, ki so vam bile všeč na tej zemlji, ampak tudi v stvareh, ki ste se jih na zemlji odpovedali, da bi lahko bolje služili Bogu. Prav tako se boste naučili veliko novih reči.

Tisti, ki jih zanimajo glasbeni instrumenti, bodo lahko slavili Boga z igranjem na harfe. Lahko se boste naučili igrati klavir, flavto in številne druge instrumente, in sicer se boste tega naučili zelo hitro, saj v nebesih vsak postane veliko bolj moder.

Prav tako se boste lahko pogovarjali z naravo in nebeškimi živalmi. Že same rastline in živali nemudoma prepoznajo Božje otroke, jih toplo pozdravijo ter do njih čutijo veliko ljubezni in spoštovanja.

Poleg tega lahko uživate v različnih športih, kot so tenis, košarka, kegljanje, golf in zmajarstvo, ne pa tudi v športnih dogodkih, kot so rokoborba in boks, pri katerih bi lahko nasprotnika poškodovali. Nebeški športni prostori in oprema so povsem varni, saj je vse izdelano iz čudovitega materiala ter okrašeno z zlatom in dragulji, tako da boste pri športu doživeli še toliko več lepih trenutkov veselja in zadovoljstva.

Športni pripomočki prav tako razumejo želje ljudi in jih tako še bolj razveseljujejo. Če na primer uživate v kegljanju, bodo krogla in keglji spremenili svojo barvo in se postavili na razdaljo po vaših željah. Keglji bodo nato padli ob prekrasnih lučeh in veselem vzklikanju množice. Če boste želeli izgubiti proti vašemu partnerju, se bodo keglji ravnali po vaših željah in vas osrečili.

V nebesih ni hudobije, zato ljudje ne želijo zmagati ali poraziti nasprotnika. Zmagoslavje pravzaprav pomeni dajanje več užitka drugim ljudem. Morda bo kdo podvomil v smisel igre, ki nima zmagovalca in ne poraženca, toda v nebesih ne čutite užitka ob zmagi nad nasprotnikom. Igra sama pomeni veselje in užitek.

No, seveda je pri določenih igrah dobra in poštena tekmovalnost ključ do užitka in zabave. Na primer igra, pri kateri je zmagovalec tisti, ki vdihne več vonja cvetja, združi cvetje na najboljši način, tako da oddaja najprijetnejši vonj, in tako naprej.

Različne oblike zabave

Oboževalci iger se pogosto sprašujejo, ali nebesa poznajo igralne salone. Seveda je v nebesih veliko iger, ki so še veliko bolj zabavne kot igre na tem svetu.

Nebeške igre, za razliko od iger na tej zemlji, vas ne bodo nikoli utrudile, temveč vas bodo osvežile in napolnile z energijo. Ob zmagi ali dobrem rezultatu boste čutili veliko zadovoljstvo in nikoli ne boste izgubili interesa.

V nebesih ljudje nosijo nebeška telesa, zato nikoli ne čutijo strahu, da bi padli med vožnjo v zabaviščnem parku, denimo med vožnjo z vlakom smrti. Vedno čutijo samo navdušenje in zadovoljstvo. Tako lahko neskončno uživajo tudi tisti posamezniki, ki so na tej zemlji trpeli za akrofobijo.

In četudi padete iz vlakca smrti, se pri tem ne boste poškodovali, saj ste vendar nebeški prebivalec z nebeškim telesom. Varno boste pristali kot kakšen mojster borilnih veščin ali pa vas bodo pred padcem obvarovali angeli. Predstavljajte si torej takšno vožnjo na vlaku smrti, skupaj z Gospodom in vašimi ljubljenimi. Kako veselo in zabavno mora to biti!

6. Čaščenje, izobraževanje in kultura v nebesih

V nebesih ni potrebno delati za hrano, oblačila in streho nad glavo, zato se bo morda kdo vprašal: „Kaj bomo počeli na vse veke? Mar ne bomo nebogljeno zapravljali čas?" Toda nikar ne skrbite.

V nebesih vas čaka cela vrsta zanimivih in zabavnih aktivnosti in dogodkov, vključno z igrami, izobraževanjem, čaščenjem, zabavami, festivali, potovanjem in športom. Seveda pa udeležba pri teh aktivnostih ni obvezna. Vsak ravna po svoji volji in željah, saj vam sleherno početje prinaša obilo veselja.

Radostno čaščenje pred Bogom Stvarnikom

Tako kot se na zemlji ob določenih urah udeležujete bogoslužja, tako boste tudi v nebesih častili Boga ob določenem času. Bog tudi oznanja Svoja sporočila, skozi katera se lahko poučite o Njegovem izvoru in o duhovnem svetu, ki nima ne začetka in ne konca.

Običajno se tisti, ki so uspešni pri učenju, veselijo predavanja in srečanja z učiteljem. Tudi v življenju vere se tisti, ki ljubijo Boga ter častijo v duhu in resnici, veselijo bogoslužja in poslušanja glasu pastirja, ki oznanja besedo življenja.

Ob odhodu v nebesa boste čutili veliko radost in srečo pri čaščenju Boga in hrepeneli boste po Božji besedi. Pri bogoslužju boste poslušali Božjo besedo, se pogovarjali z Bogom ali poslušali besede Gospoda. Prav tako boste imeli čas za molitev, vendar ne boste molili kleče ali z zaprtimi očmi, tako kot to počnete na zemlji, ampak boste preprosto klepetali z Bogom. Molitev v nebesih namreč poteka v obliki pogovorov z Bogom Očetom, Gospodom Jezusom in Svetim Duhom. Kako veselo in zabavno mora to biti!

Prav tako lahko slavite Boga, tako kot na zemlji, vendar ne v katerem od jezikov tega sveta, temveč Ga boste slavili skozi petje. Tisti, ki so skupaj premagovali preizkušnje ali bili člani iste cerkve na tej zemlji, se zberejo skupaj z njihovim pastirjem, da bi častili Boga in bili v občestvu z Njim.

Toda, kako lahko ljudje v nebesih skupaj slavijo Boga, ko pa se njihova bivališča nahajajo na različnih lokacijah znotraj nebes? V nebesih se sijaj nebeških teles razlikuje glede na bivališče, zato si ljudje izposodijo ustrezna oblačila, preden obiščejo druge kraje na višjem nivoju. Za udeležitev bogoslužja v Novem Jeruzalemu, ki je obsijan z lučjo slave, si morajo tako ljudje iz vseh drugih krajev izposoditi ustrezna oblačila.

Mimogrede, tako kot lahko preko satelitov v živo spremljate bogoslužja s celega sveta, enako lahko tudi v nebesih. Ne glede na vaše nahajališče se lahko udeležite in spremljate bogoslužje, ki poteka v Novem Jeruzalemu, pri tem pa je zaslon tako naraven, da se boste počutili kot bi osebno prisostvovali pri bogoslužju.

Prav tako lahko povabite in se udeležite bogoslužja skupaj z očeti vere kot sta Mojzes in apostol Pavel, vendar pa za to potrebujete ustrezno duhovno oblast.

Spoznavanje novih in globokih duhovnih skrivnosti

Božji otroci spoznajo veliko duhovnih stvari, medtem ko gredo skozi vzgojo na tej zemlji, a to pridobljeno znanje je le pogoj za odhod v nebesa. Šele ob prihodu v nebesa začnejo resnično spoznavati ta nov svet.

Verniki v Jezusa Kristusa ob svoji smrti — z izjemo tistih, ki gredo v Novi Jeruzalem — bivajo v kraju na obrobju raja, kjer jih angeli poučujejo o nebeških kodeksih in pravilih.

Tako kot ljudje na tej zemlji potrebujejo izobrazbo, da se znajo prilagoditi družbi, tako boste morali dobro poznati pravila obnašanja, da bi lahko živeli v tem novem duhovnem svetu.

Morda se nekateri sprašujete, zakaj se je potrebno še naprej učiti v nebesih, ko pa ste se toliko naučili že na tej zemlji. Toda učenje na tej zemlji je zgolj proces duhovnega izobraževanja. Tisto pravo učenje se začne šele ob vstopu v nebesa.

Učenje se nikoli ne konča tudi zato, ker je Božje kraljestvo brezmejno in ne pozna konca. Naj osvojite še toliko znanja, ne boste nikoli v popolnosti poznali Boga, ki je obstajal že pred začetkom časa. Nikoli ne boste v celoti razumeli samega bistva Boga, ki je vedno bil in vedno bo, in ki ima oblast nad celotnim vesoljem in vsem, kar nas obdaja.

In tako se je potrebno zavedati, da brezmejni duhovni svet skriva številne skrivnosti ter da je duhovno učenje veliko bolj zanimivo in zabavno od učenja na tem svetu.

Duhovno učenje prav tako ni obvezno in ne vključuje nobenih preizkusov znanja. Naučenega ne boste nikoli pozabili, zatorej učenje ne bo nikoli težavno ali naporno. V nebesih vam ne bo nikoli dolgčas. Vedno boste z veseljem spoznavali nove čudovite skrivnosti.

Zabave, banketi in predstave

V nebesih poteka veliko zabav in predstav, ki predstavljajo vrhunec nebeških užitkov. Gre za dogodke, v katerih se veselite in uživate v bogastvu, svobodi, lepoti in slavi nebes.

Tako kot se ljudje na tej zemlji lepo uredijo za prestižne zabave, na katerih jedo, pijejo in uživajo v pestri ponudbi, tako boste tudi v nebesih prirejali zabave z lepo urejenimi ljudmi. Zabave, polne čudovite glasbe, plesa ter zvokov smeha in sreče.

Tam so tudi kraji kot sta dvorana Carnegie Hall v New Yorku in sydneyjska operna hiša v Avstraliji, kjer lahko uživate v različnih predstavah. Pri nastopih pa seveda ne gre za bahanje, temveč izključno za poveličevanje Boga, razveseljevanje Gospoda in drugih udeležencev.

Nastopajoči so praviloma tisti, ki so močno poveličevali Boga s čaščenjem, plesom, glasbenimi instrumenti in nastopi na tem svetu. Včasih ti ljudje igrajo enake skladbe kot so jih igrali na tej zemlji. Medtem pa lahko tisti, ki so želeli vse to početi že na zemlji, a jim okoliščine niso dopuščale, slavijo Boga z novimi skladbami in plesom.

V nebesih so tudi kinodvorane, v katerih si lahko ogledujete filme. V prvem in drugem nebeškem kraljestvu običajno vrtijo filme v javnih dvoranah, v tretjih nebesih in Novem Jeruzalemu pa ima vsak prebivalec lasten namenski prostor v svoji hiši. Ljudje lahko tako spremljajo filme sami, ali pa skupaj z njihovimi ljubljenimi in ob prigrizku.

V Svetem pismu je apostol Pavel obiskal tretja nebesa, a tega ni smel razkriti drugim ljudem (2 Korinčanom 12:4). Nebesa je zelo težko pojasniti, saj gre za nepoznan in skrivnosten svet. Pravzaprav je velika verjetnost, da bodo ljudje napačno razumeli.

Nebesa so del duhovnega sveta, kjer je ogromno stvari, ki si jih človek ne more predstavljati ali razumeti. Ta svet je poln veselja in sreče, ki ju na zemlji ni mogoče izkusiti.

Ta čudovita nebesa je Bog pripravil kot bivališče za vas, zato vas spodbuja, da bi skozi Sveto pismo pridobili ustrezne kvalifikacije za odhod v ta veličasten svet.

Zatorej molim v imenu Gospoda, da bi radostno sprejeli Gospoda in osvojili ustrezne kvalifikacije, ki so potrebne, da bi bili ob Njegovem ponovnem prihodu pripravljeni kakor čudovita nevesta.

6. poglavje

Raj

1. Lepota in sreča v raju
2. Komu je namenjen raj?

*In [Jezus] mu je rekel:
„Resnično, povem ti:
Danes boš z Menoj v raju."*

- Luka 23:43 -

Kdor veruje v Jezusa Kristusa kot svojega osebnega Odrešenika in čigar ime je zapisano v knjigi življenja, bo lahko užival večno življenje v nebesih. A kot sem vam že pojasnil, je potrebno iti skozi proces rasti vere in prav od te mere vere bodo odvisna bivališča, venci in nagrade, ki jih bo posameznik deležen v nebesih.

Kdor je dosegel večjo podobnost Bogu, bo živel bliže Božjemu prestolu. Manj ko boste torej podobni Bogu, bolj boste oddaljeni od Njegovega prestola.

Raj je najbolj oddaljeni kraj od Božjega prestola, ki se nahaja na najnižjem nivoju nebes in je najslabše obsijan z lučjo Božje slave. Kljub temu pa je še vedno neprimerljivo lepši kraj kot ta zemlja, in tudi lepši od edenskega vrta.

Kakšen kraj je potem raj in kdo bo tam bival?

1. Lepota in sreča v raju

Območje na obrobju raja služi kot čakališče, kjer čakajo ljudje na veliko sodbo z velikega belega prestola (Razodetje 20:11-12). Z izjemo tistih, ki so dosegli Božje srce oziroma bogopodobnost in odšli v Novi Jeruzalem, kjer pomagajo pri Božjem delu, vsi ostali rešeni ljudje čakajo na obrobju raja.

Tako nam hitro postane jasno, kako velik je raj, ko pa se lahko območja na njegovem obrobju uporabljajo kot čakališče za tolikšno število ljudi. In četudi se ta prostrani raj nahaja na najnižjem nivoju nebes, je še vedno neprimerljivo lepši in

srečnejši kraj kot ta od Boga prekleta zemlja.
Prav tako, ker gre za kraj, kamor gredo ljudje, ki so bili vzgajani na tej zemlji, je tam veliko več sreče in radosti kot v edenskem vrtu, kjer je živel prvi človek Adam.
No, pa si oglejmo to lepoto in veselje raja, ki nam ju razodeva Boga.

Prostrane planjave, polne prekrasnih živali in rastlinja

Raj je kakor prostrana planjava s številnimi lepo urejenimi travniki in vrtovi, za katere skrbijo angeli. Ptičje petje je tako razločno in glasno, da odmeva po vsem raju. Ptice so na las podobne pticam na zemlji, le da so nekoliko večje in nosijo lepše perje. Njihovo petje v skupinah je izjemno prijetno.
Tudi drevesa in cvetlice na vrtovih so sveže in prečudovite. Drevesa in cvetlice tega sveta s časom ovenijo, medtem pa drevesa v raju ostajajo ves čas zelena in cvetlice nikoli ne ovenijo. Ko ljudje pristopijo cvetlicam, se le-te nasmejijo in včasih oddajo svoj edinstveni volj.
Zdrava drevesa rodijo veliko sadov, ki so nekoliko večji od sadov na tej zemlji. Njihova lupina je bleščeča in na pogled so videti izredno okusni. Lupine vam seveda ni treba olupiti, saj v raju ni prahu in ne črvov. Kako čudovit in vesel mora biti prizor, v katerem ljudje posedajo na planjavi in debatirajo, obkroženi s košarami, polnimi svežega in slastnega sadja?
Na planjavi živi tudi veliko živalskih vrst. Med njimi najdemo tudi leve, ki se mirno prehranjujejo s travo. So veliko večji od levov na zemlji, vendar niso povsem nič agresivni. Pravzaprav so videti zelo ljubki, saj so blagega značaja in njihova griva je izredno

čista in bleščeča.

Tiha reka žive vode

Reka žive vode teče čez celotna nebesa, od Novega Jeruzalema do raja, in nikoli ne izhlapi ali postane onesnažena. Voda te reke, ki izvira iz Božjega prestola in poživlja vsa nebesa, predstavlja Božje srce oziroma bleščeč in čudovit um, ki je brez madeža, brez krivde in brez vsake teme. Srce Boga je v celoti popolno in dovršeno. Tiha reka žive vode je kakor lesketajoča se morska voda na vroč sončen dan. Tako je čista in jasna, da je ni moč primerjati z nobenim vodnim telesom na tej zemlji. Iz daljave je videti modre barve in spominja na globoko sinje morje Mediterana ali Atlantskega oceana.

Na obeh straneh reke žive vode najdemo čudovite klopi in cesto. Klopi obkrožajo drevesa življenja, ki vsak mesec rodijo sadove. Sadovi teh dreves življenja so večji od sadov te zemlje in tudi njihov vonj in okus sta veliko slastnejša, tako da jih ni mogoče zadovoljivo opisati. Ko ugriznete vanje, se kar stopijo v vaših ustih kakor sladkorna pena.

V raju ni osebne lastnine

V raju ljudje nosijo tkana bela enodelna oblačila, a brez okrasja kot so broške in brez vencev ali priponk za lase. Ti ljudje namreč za čas svojega življenja na zemlji niso postorili prav nič za Božje kraljestvo.

In ker prebivalci raja niso deležni plačila oziroma nagrad, tam ni zasebnih domov, vencev, okrasja in tudi ne angelov, ki bi jim stregli. Prostora je samo za duše, ki tam bivajo in strežejo drug drugemu.

Enako tudi v edenskem vrtu ni zasebnih domov za stanovalce, vendar pa obstaja velika razlika v meri sreče med tema dvema krajema. Ljudje v raju lahko Boga kličejo „Aba, Oče", saj so sprejeli Jezusa Kristusa in prejeli Svetega Duha, zato posledično čutijo srečo, ki je ne gre primerjati s srečo edenskega vrta.

Zato je velik blagoslov in nekaj zelo dragocenega, da ste rojeni na tem svetu, doživite veliko dobrega in slabega, postanete pravi Božji otrok in gojite trdno vero.

Raj je poln radosti in sreče

Življenje v raju je polno radosti in sreče znotraj resnice, kajti tam ni hudobije in vsak dela v dobro drugega. Nihče nikomur ne stori nič žalega, pač pa vsi služijo drug drugemu z ljubeznijo. Kako krasno mora biti takšno življenje!

Poleg tega je sreča sama, da vas ne tarejo skrbi glede strehe nad glavo, oblačil in hrane, ter v samem dejstvu, da tam ni solza, žalosti, bolezni, bolečine in ne smrti.

In obrisal bo vse solze z njihovih oči in smrti ne bo več, pa tudi žalovanja, vpitja in bolečine ne bo več. Kajti prejšnje je minilo (Razodetje 21:4).

Tako kot so poglavarji med angeli, tako je postavljena tudi hierarhija med samimi prebivalci v raju, tj. predstavniki in zastopanimi. Ker se posamezniki razlikujejo po delih vere, so tisti z relativno višjo mero vere izbrani za predstavnike, ki skrbijo za skupno bivališče oziroma skupino ljudi.

Ti ljudje nosijo drugačna oblačila kot običajni prebivalci raja in imajo vedno prioriteto. Pri tem pa ne gre za nekaj nepravičnega, pač pa je to rezultat Božje nepristranske pravice, ki nagrajuje posameznikova dela.

V nebesih ni zavisti ali nevoščljivosti, zato ljudje nikoli ne sovražijo in niso užaljeni, kadar so drugi nagrajeni z nečim dobrim. Pravzaprav so veseli in radi vidijo, da so drugi ljudje nagrajeni.

Zavedajte se torej, da je raj neprimerljivo lepši in srečnejši kraj kot ta naša zemlja.

2. Komu je namenjen raj?

Raj je prekrasen kraj, ustvarjen v veliki Božji ljubezni in sočutju. Ta kraj je namenjen tistim, ki niso upravičeni do naziva pravih Božjih otrok, a so poznali Boga in verovali v Jezusa Kristusa in zato ne smejo biti poslani v pekel. Toda, bolj specifično, kakšni ljudje gredo v raj?

Kesanje tik pred smrtjo

Raj je v glavnem kraj za tiste, ki so se pokesali tik pred smrtjo, sprejeli Jezusa Kristusa in bili rešeni, tako kot hudodelec, ki je bil križan ob Jezusu. V 23. poglavju evangelija po Luku lahko preberete, da sta bila ob Jezusu križana dva hudodelca, vsak na svoji strani. Eden od njiju je preklinjal Jezusa, medtem pa drugi grajal prvega, se pokesal in sprejel Jezusa za svojega Odrešenika. Jezus je nato rekel temu kesajočemu se hudodelcu, da je rešen. In On mu je rekel: „Resnično, povem ti: Danes boš z Menoj v raju." Ta hudodelec je preprosto sprejel Jezusa za svojega Odrešenika, ne da bi odpravil grehe ali živel v skladu z Božjo besedo. In ker je sprejel Gospoda šele tik pred smrtjo, ni imel časa, da bi spoznal Božjo besedo in se po njej ravnal.

Zato morate vedeti, da je raj za tiste, ki so sprejeli Jezusa Kristusa, a niso storili ničesar za Božje kraljestvo, tako kot hudodelec iz 23. poglavja evangelija po Luku.

Vendar, če boste pomislili: ‚Pred smrtjo bom sprejel Gospoda in odšel v raj, ki je neprimerljivo lepši in srečnejši kraj od te zemlje,' potem se močno motite. Bog je namreč blagoslovil tega hudodelca z odrešenjem, ker je vedel, da ima ta dobro srce in v kolikor bi imel več časa za življenje, bi ljubil Boga vse do konca in nikoli ne bi zatajil Jezusa.

Zato ne more vsakdo sprejeti Gospoda pred smrtjo, kajti vere ni mogoče pridobiti v trenutku. Zavedati se je treba redkosti takšnih primerov, kot je primer tega hudodelca, ki je bil rešen tik pred smrtjo.

Tudi ljudje, ki dosežejo sramotno odrešenje, imajo še vedno veliko hudobije v srcu, saj so živeli po svojih lastnih željah.

Hvaležni bodo Bogu že zaradi samega dejstva, da so pristali v raju in lahko uživajo večno življenje, potem ko so sprejeli Jezusa Kristusa za svojega Odrešenika, pa četudi niso storili ničesar z vero na tej zemlji.

Raj se seveda močno razlikuje od Novega Jeruzalema, kjer se nahaja Božji prestol, a so ti ljudje neskončno hvaležni in veseli iz samega dejstva, da so bili rešeni in niso padli v pekel.

Pomanjkanje rasti duhovne vere

Tudi kadar ljudje sprejmejo Jezusa Kristusa in imajo vero, v kolikor njihova vera ni rasla, bodo prejeli zgolj sramotno odrešenje in odšli v raj. In tukaj ne gre samo za nove vernike, ampak tudi tiste, ki so verovali dlje časa, a je njihova vera ostajala na prvi stopnji.

Nekoč mi je Bog dovolil slišati pričevanje nekega vernika, ki je dolgo časa živel v veri in trenutno biva v nebeškem čakališču na obrobju raja.

Rojen je bil v družini, ki ni poznala Boga in je častila malike, zato je šele kasneje v življenju postal kristjan. A ker ni imel prave vere, je še naprej živel znotraj meja greha in posledično izgubil vid na eno oko. Nato pa je skozi mojo knjigo z naslovom *Pokušanje Večnega Življenja Še pred Smrtjo* spoznal pomen prave vere, se včlanil v cerkev, vodil krščansko življenje in bil kasneje poklican v nebesa.

Slišal sem njegovo pričevanje, polno radosti, ker je bil rešen in je odšel v raj, potem ko je pretrpel toliko žalosti, bolečine in bolezni na tej zemlji.

„Tako svoboden in srečen sem, da sem prišel sem, potem ko sem slekel svoje meso. Še kar ne morem verjeti, zakaj sem se oklepal mesenih stvari, ki so bila vsa brez pomena. Mesena poželenja so povsem prazna in nesmiselna, odkar sem slekel svoje meso in prišel sem gor.

Za časa življenja na zemlji sem doživel trenutke radosti in zahvalnosti, razočaranja in obupa. In ko se tukaj v tem ugodju in sreči uzrem vase, se spominjam časa, ko sem hrepenel po praznem življenju. Toda zdaj moji duši ne manjka ničesar. Obkrožen sem z ugodjem in črpam veliko zadovoljstvo že iz samega dejstva, da lahko bivam v kraju odrešenja.

V tem kraju se počutim zelo prijetno. Slekel sem svoje meso in res čudovito je, da sem po napornem življenju na zemlji prišel v ta spokojen kraj. Nisem se zavedal, kako zadovoljujoče je odvreči svoje lastno meso, zato sem danes še toliko bolj vesel in hvaležen.

Bilo je grozno, ko nisem mogel hoditi, ko nisem videl in ko nisem mogel početi veliko drugih reči, toda zdaj sem srečen in hvaležen, saj sem prejel večno življenje in prišel v ta kraj.

Sicer nisem končal v prvih nebesih, drugih nebesih, tretjih nebesih in ne v Novem Jeruzalemu. Nahajam se v raju, ampak sem vseeno neskončno vesel in hvaležen za to.

Moja duša je zadovoljna s tem.
Moja duša je hvaležna za to.
Moja duša je srečna s tem.
Moja duša je vesela za to.

Hvaležen in vesel sem, da sem končal prazno in obupano življenje ter da lahko danes uživam to življenje udobja."

Nazadovanje v veri zaradi preizkušenj

Med nami so tudi ljudje, ki so bili zvesti, a so sčasoma iz različnih razlogov postali mlačni v svoji veri in le komaj dosegli odrešenje.

Nek starešina moje cerkve je zvesto služil in opravljal številna cerkvena dela. Navzven se je njegova vera zdela velika, dokler ni nekega dne nenadoma hudo zbolel. Še govoriti ni mogel, ko me je obiskal in prosil za molitev. A namesto za ozdravljenje sem molil za njegovo odrešenje. Njegova duša je tisti čas močno trpela v strahu zaradi boja med angeli, ki so ga želeli odvesti v nebesa, in zli duhovi, ki so ga želeli odvesti v pekel. V kolikor bi imel dovolj vere za odrešenje, zli duhovi namreč ne bi prišli ponj, zato sem nemudoma začel moliti, da bi pregnal zli duhove in prosil Boga, naj sprejme tega moža k Sebi. Po končani molitvi ga je preplavil mir in začel je jokati. Še preden je umrl, se je pokesal in bil le komaj rešen.

Enako velja, da četudi ste prejeli Svetega Duha in zasedli položaj diakona ali starešine, bo v Božjih očeh velika škoda, v kolikor boste živeli v grehu. Če se ne obrnete proč od tovrstnega mlačnega duhovnega življenja, bo Sveti Duh v vas postopoma izginil in tako ne boste rešeni.

Vem za tvoja dela, da nisi ne mrzel ne vroč. O, ko bi le bil mrzel ali vroč! Ker pa nisi ne vroč ne mrzel, ampak mlačen, Sem pred tem, da te izpljunem iz Svojih ust (Razodetje 3:15-16).

Razumeti morate, da odhod v raj prinaša sramotno odrešenje,

zato si morate bolj goreče prizadevati za pridobitev zrele vere. Ta isti moški je nekoč že ozdravel po moji molitvi in celo njegova žena je bila skozi mojo molitev rešena izpred praga smrti. S poslušanjem besed življenja je družina premagala vse težave in postala srečna družina. Tako je ta možakar dozorel v zvestega Božjega delavca in je marljivo izpolnjeval svoje dolžnosti.

A ko se je cerkev znašla pred preizkušnjo, ni branil ali si prizadeval zaščititi cerkve, temveč je predal svoje misli pod Satanovo oblast. Besede iz njegovih ust so tako zgradile velik zid greha med njim in Bogom. Naposled je izgubil Božjo zaščito in zbolel za hudo boleznijo.

Kot Božji delavec ne bi smel gledati ali poslušati ničesar, kar je v nasprotju z resnico in Božjo voljo, toda on je poslušal Satana in pomagal širiti njegovo kraljestvo. Bog se je tako moral obrniti proč od njega, saj je sam zatajil veliko Božjo milost, potem ko je bil ozdravljen hude bolezni.

S tem so propadale vse njegove nagrade in ni več zmogel zbrati moči za molitev. Njegova vera je nazadovala in naposled je dosegel točko, ko več ni bil prepričan v svoje odrešenje. A k sreči Bog ni pozabil njegovega preteklega služenja cerkvi, zato ga je blagoslovil z milostjo, da se je lahko pokesal za svoja hudodelstva in vendarle prejel sramotno odrešenje.

Velika hvaležnost za odrešenje

In kakšno je bilo njegovo pričevanje, potem ko je bil rešen in je odšel v raj? Ker je bil rešen na razpotju med nebesi in peklom, sem ga slišal pričevati v resničnem miru.

„Tako sem bil rešen. Čeravno sem v raju, sem zadovoljen, kajti prost sem pred strahom in stisko. Moja duša, ki bi bila sicer poslana v temo, je zdaj tukaj v tej čudoviti in prijetni svetlobi."

Kako zelo vesel je moral biti, ko je bil osvobojen strahu pekla! A ker je kot cerkveni starešina prejel sramotno odrešenje, mi je Bog dovolil poslušati njegovo molitev kesanja, ko je še bival v zgornjem podzemlju, preden je odšel v čakališče v raj. Pokesal se je za svoje grehe in se mi zahvalil za molitev. Prav tako se je pred Bogom zaobljubil, da bo neprenehoma molil zame in mojo cerkev, vse dokler se ponovno ne srečava v nebesih.

Od začetka človeške vzgoje in do danes je bilo na zemlji več takšnih ljudi, ki so bili upravičeni za odhod v raj, kot drugih ljudi, ki so odšli v katerikoli drugi kraj v nebesih.

Tisti, ki so le komaj rešeni in gredo v raj, so izredno hvaležni in srečni, da lahko uživajo udobje in blagoslove raja ter da niso padli v pekel, saj vendar niso vodili ustreznega krščanskega življenja na tej zemlji.

Še vedno pa je nivo sreče v raju neprimerljiv s srečo v Novem Jeruzalemu in tudi s srečo na naslednjem najbližjem nivoju – prvem nebeškem kraljestvu. Zato morate vedeti, da pri Bogu ne štejejo leta vaše vere, temveč odnos vašega srca do Boga in vaše ravnanje po Božji volji.

Danes se mnogi predajajo skušnjavi in živijo v grešni naravi, medtem ko pričujejo, da so prejeli Svetega Duha. Ti ljudje lahko le komaj dosežejo sramotno odrešenje in gredo v raj, ali pa bodo navsezadnje vendarle padli v pekel, saj bo Sveti Duh v njih izginil.

Spet drugi tako imenovani verniki postanejo prevzetni, potem ko pridobijo spoznanje o Božji besedi, in začnejo soditi in obsojati druge vernike, četudi že dolgo vodijo krščansko življenje. Naj bodo še tako zagnani in zvesti pri svojem služenju Bogu, to ne pomeni popolnoma nič, če ne bodo uvideli hudobije v svojem srcu in odpravili grehe.

Zatorej molim v imenu Gospoda, da bi vi, Božji otrok, ki ste prejeli Svetega Duha, odpravili grehe in vso hudobijo ter si prizadevali ravnati izključno samo v skladu z Božjo besedo.

7. poglavje

Prvo nebeško kraljestvo

1. Njegova lepota in sreča presegata raj
2. Komu je namenjeno prvo nebeško kraljestvo?

*Vsak tekmovalec pa se vsemu odreče,
ôni, da prejmejo venec, ki ovene,
mi pa nevenljivega.
but we an imperishable.*

- 1 Korinčanom 9:25 -

Raj, ki je mnogo lepši in srečnejši od naše zemlje, je kraj za tiste, ki so sprejeli Jezusa Kristusa, a niso postorili ničesar s svojo vero. Toda koliko lepše je potem šele prvo nebeško kraljestvo, ki je namenjeno vsem tistim, ki so se trudili živeti po Božji besedi?

Prvo kraljestvo se sicer nahaja bližje Božjemu prestolu kot raj, medtem pa v nebesih obstaja še veliko drugih, bolj veličastnih krajev. Vseeno pa so prebivalci prvega kraljestva zadovoljni z doseženim in se počutijo srečni. Primerjamo jih lahko z zlato ribico, ki je zadovoljna z bivanjem v akvariju in ne čuti nobenih drugih potreb.

V nadaljevanju si bomo podrobneje ogledali prvo nebeško kraljestvo in kakšnim ljudem je namenjen ta kraj, ki se nahaja en nivo nad rajem.

1. Njegova lepota in sreča presegata raj

Ker je raj za tiste, ki niso naredili ničesar s svojo vero, tam tudi ni nobene zasebne lastnine v obliki nagrad. Nagrade, kot so domovi in venci, se dajejo šele v prvem nebeškem kraljestvu in na vseh višjih nivojih.

V prvem kraljestvu ljudje živijo v svojih lastnih hišah in prejmejo vence, ki nikoli ne propadejo. Izredno veličastno je biti lastnik zasebne hiše v nebesih, zato vsak prebivalec prvega kraljestva čuti neizmerno srečo, ki je ni moč primerjati s srečo v raju.

Lepo okrašeni zasebni domovi

Zasebni domovi v prvem kraljestvu niso ločene zgradbe, temveč spominjajo na stanovanjske bloke, ki pa niso zgrajeni iz cementa ali zidakov, ampak iz čudovitih nebeških materialov, kot sta zlato in dragulji.

Te hiše ne vsebujejo stopnišč, ampak so opremljene z dvigali, ki vas samodejno popeljejo v želeno nadstropje, ne da bi morali pritisniti na gumb, kot je to potrebno storiti na tej zemlji.

Med ljudmi, ki so obiskali nebesa, nekateri pričujejo, da so videli stanovanjske bloke. Ti ljudje so potemtakem videli prvo nebeško kraljestvo. Ta stanovanja ponujajo vse potrebno za življenje, zato ni absolutno nobenih nevšečnosti.

Tam najdemo glasbene instrumente za ljubitelje glasbe in knjige za tisti, ki radi berejo. Vsak posameznik ima svoj zaseben, nadvse udoben prostor za počitek.

Tudi okolica je urejena po željah gospodarja. Skratka, gre za veliko lepši in srečnejši kraj od raja, poln radosti in udobja, ki ju ni moč okusiti na tej zemlji.

Javni vrtovi, jezera, plavalni bazeni...

Hiše v prvem kraljestvu niso enostanovanjske, zato so ljudem na voljo javni vrtovi, jezera, plavalni bazeni in golf igrišča. Pravzaprav ljudje živijo podobno kot v stanovanjskih naseljih na tej zemlji, si delijo javne vrtove, tenis igrišča, plavalne bazen, ipd.

Ti javni prostori se nikoli ne obrabijo ali pokvarijo, saj jih angeli ves čas ohranjajo v najboljšem stanju. Angeli prav tako nudijo pomoč stanovalcem, zato nikoli ne prihaja do neprijetnosti, četudi gre za javne prostore.

Medtem pa v raju ni angelov, ki bi služili ljudem, zato se močno razlikuje tudi nivo radosti in sreče. V prvem kraljestvu ljudje sicer nimajo zasebnih angelov, so pa tam angeli, ki skrbijo za javne prostore.

Na primer – če se vam zahoče sadje, medtem ko sedite na zlatih klopeh ob reki žive vode in debatirate z vašimi ljubljenimi, vam bodo angeli nemudoma prijazno postregli s sadjem. Prav zaradi teh angelov, ki strežejo Božjim otrokom, sta tamkajšnja sreča in veselje izrazito drugačna kot v raju.

Prvo nebeško kraljestvo je veličastnejše od raja

Tudi sama barva in vonj cvetja ter sijaj in lepota kožuha tamkajšnjih živali, vse je veličastnejše kot v raju. Tako je Bog namreč pripravil vsak posamezni kraj znotraj nebes v skladu z različnimi merami vere.

Že ljudje na tej zemlji imajo različne poglede na lepoto. Strokovnjak botanik bo denimo ocenil lepoto cvetlice na podlagi cele vrste različnih kriterijev. V nebesih je vonj cvetja v vsakem nebeškem kraju drugačen. Še več, celo znotraj istega kraja vsaka cvetlica oddaja svoj edinstveni vonj.

Bog je namreč cvetje pripravil na način, da bi ljudem v prvem kraljestvu omogočil kar najboljše počutje. In seveda ima tudi sadje različen okus v različnih krajih znotraj nebes. Tako barva kot vonj posameznega sadeža sovpadata z nivojem nebeškega bivališča.

In kako potem v prvem kraljestvu pogostimo pomembnega gosta? Prizadevamo se prilagoditi njegovemu okusu in ga tako razveselimo.

Tako je tudi Bog vse pripravil zelo skrbno, da bi bili Njegovi otroci zadovoljni v vseh pogledih.

2. Komu je namenjeno prvo nebeško kraljestvo?

Raj je nebeški kraj za ljudi na prvi stopnji vere, ki so bili rešeni po veri v Jezusa Kristusa, a niso storili ničesar za Božje kraljestvo. Kdo pa potem uživa večno življenje v prvem kraljestvu, ki se nahaja nad rajem?

Ljudje, ki si prizadevajo slediti Božji besedi

Prvo nebeško kraljestvo je kraj za tiste, ki so sprejeli Jezusa Kristusa in si prizadevali živeti po Božji besedi. Kdor je šele sprejel Gospoda, obiskuje cerkev ob nedeljah in posluša Božjo besedo, vendar še ne pozna resničnega pomena greha, niti zakaj je potrebno moliti in zakaj je potrebno odpraviti grehe iz svojega srca. Podobno pa so tudi tisti na prvi stopnji vere okusili radost prve ljubezni, ko so bili rojeni iz vode in Svetega Duha, a se prav tako ne zavedajo pomena greha in še niso odkrili grehov znotraj sebe.

V kolikor pa dosežete drugo stopnjo vere, takrat boste ob pomoči Svetega Duha razumeli grehe in pravičnost. Tako si človek prizadeva živeti po Božji besedi, vendar tega ni sposoben nemudoma uresničiti. Nekako tako kot dojenček, ki se uči hoditi in pri tem sprva pogosto pade na tla.

Prvo kraljestvo je kraj ravno za te ljudi, ki si prizadevajo živeti po Božji besedi in bodo tudi nagrajeni z nepropadljivimi venci. Tako kot se morajo atleti ravnati po pravilih (2 Timoteju 2:5-6), tako morajo Božji otroci bojevati dober boj vere v skladu z resnico. Kajti če ne upoštevate pravil duhovnega sveta, ki so Božji zakon, bo vaša vera mrtva, podobno kot atlet, ki ne tekmuje po pravilih. Posledično ne boste obravnavani kot tekmovalec in ne boste prejeli nobenega venca.

Toda v prvem kraljestvu vendarle vsak prejme venec, saj se je vsak trudil živeti po Božji besedi, čeravno njegova dela niso bila zadostna. Še vedno pa gre le za sramotno odrešenje. Ti ljudje namreč niso v popolnosti živeli po Božji besedi, četudi so gojili vero za odhod v prvo kraljestvo.

Sramotno odrešenje za tistega, čigar delo bo zgorelo

In kaj točno je potem „sramotno odrešenje"? V Prvem pismu Korinčanom 3:12-15 lahko preberete, da bo delo vsakega preizkušeno z ognjem in bo zdržalo oziroma zgorelo.

Če pa kdo na tem temelju zida zlato, srebro, dragocene kamne, les, seno ali slamo – delo vsakega bo postalo vidno. Razkril ga bo namreč dan, ker se bo razodel z ognjem, in ogenj bo preizkusil, kakšno je delo tega ali onega. Kdor bo gradil na temelju, bo prejel plačilo, če bo njegovo delo zdržalo. Tisti pa, čigar delo bo zgorelo, bo trpel škodo. Sam se bo sicer rešil, vendar kakor skozi ogenj.

„Temelj" se tukaj nanaša na Jezusa Kristusa in pomeni, da bo vso vaše delo, ki ga boste sezidali na tem temelju, razkrito skozi preizkušnje z ognjem.

Po eni strani bo delo tistih, ki imajo vero kakor zlato, srebro ali dragoceni kamni, prestalo celo ognjene preizkušnje, saj ti ljudje ravnajo v skladu z Božjo besedo. Po drugi strani pa bo delo tistih, ki imajo vero kakor les, seno ali slama, zgorelo v luči ognjenih preizkušenj, saj se ti posamezniki ne znajo ravnati po Božji besedi.

Zlato potemtakem sovpada s peto (najvišjo) stopnjo vere, srebro s četrto, dragoceni kamni s tretjo, les z drugo in seno s prvo (najnižjo) stopnjo vere. Les in seno prinašata življenje, zato vera kakor les pomeni, da ima človek živo vero, ki pa je šibka. Slama je medtem povsem suha in ne vsebuje življenja, zato se nanaša na tiste, ki so brez vere.

Kdor je potemtakem povsem prazen vere, nima nič opraviti z odrešenjem. Les in seno, katerih delo bo zgorelo skozi goreče preizkušnje, prinaša sramotno odrešenje. Bog bo prepoznal vero zlata, srebra ali dragocenih kamnov, medtem ko vere lesa in sena ne bo prepoznal.

Vera brez del je mrtva

Morda bo kdo pomislil: „Že dolgo živim kot kristjan, zato sem gotovo presegel prvo stopnjo vere in si zagotovil vsaj odhod v prvo kraljestvo." Vendar, če resnično imate vero, boste živeli v skladu z Božjo besedo. Kajti če kršite postavo in ne odpravite grehov, potem bo prvo kraljestvo, morda tudi raj, nedosegljivo za vas.

Sveto pismo vas v Jakobu 2:14 sprašuje: „*Kaj pomaga, moji*

bratje, če kdo pravi, da ima vero, nima pa del? Mar ga lahko vera reši?" Če nimate del, ne boste rešeni. Vera brez del je mrtva vera, zato tisti, ki se ne bojujejo proti grehu, ne morejo biti rešeni, saj so kakor možakar, ki je prejel mino in jo hranil v prtiču (Luka 19:20-26).

„Mina" se tukaj nanaša na Svetega Duha. Bog daje Svetega Duha kot darilo vsem tistim, ki odprejo svoja srca in sprejmejo Jezusa Kristusa za svojega osebnega Odrešenika. Sveti Duh vam omogoča spoznati grehe, pravičnost, razsodnost ter vam pomaga do odrešenja in odhoda v nebesa.

Če izpovedujete vero v Boga, a si ne obrežete srca, ker ne sledite poželenju Svetega Duha in se ne ravnate v skladu z resnico, takrat Sveti Duh ne bo ostal v vašem srcu. Če pa odpravite grehe in se ob pomoči Svetega Duha ravnate po Božji besedi, boste izžarevali srce Jezusa Kristusa, ki je resnica sama.

Božji otroci, ki so prejeli Svetega Duha kot darilo, morajo potemtakem posvetiti svoja srca in obroditi sadove Svetega Duha, da bi dosegli popolno odrešenje.

Fizična zvestoba, a duhovna neobrezanost

Nekoč mi je Bog pokazal člana moje cerkve, ki je umrl in odšel v prvo kraljestvo, in mi pomagal razumeti pomembnost vere, podkrepljene z deli. Ta človek je osemnajst let zvesto služil kot član finančnega oddelka moje cerkve. Prav tako je zvesto opravljal tudi druga cerkvena dela in si prislužil naziv starešine. Prizadeval si je obroditi številne sadove in je vse delal v Božjo slavo, pri tem pa se pogosto spraševal: ‚Kako bi lahko še bolje dosegel Božje kraljestvo?'

Kljub temu pa nazadnje ni bil uspešen, saj je občasno osramotil Boga, ker zaradi mesenih misli ni vedno sledil pravi poti in njegovo srce je pogosto iskalo lastno korist. Poleg tega je bil nepošten do drugih, se pogosto jezil in redno kršil Božjo besedo.

Ali z drugimi besedami, ker je bil fizično zvest, a si ni obrezal svojega srca – kar je najpomembnejša stvar – je ostal na drugi stopnji vere. Tudi kadar se je soočal s finančnimi in medosebnimi težavami, je zanemarjal vero in sklepal kompromise z nepravičnostjo.

Na koncu je — ker zaradi velikega nazadovanja v veri morda ne bi dosegel niti odhoda v raj — Bog v najboljšem trenutku poklical njegovo dušo.

Po smrti je ta možakar skozi duhovno komunikacijo izrazil hvaležnost in se globoko pokesal. Pokesal se je, ker je prizadel čustva duhovnikov, s tem ko ni sledil resnici, žalil druge, pripravil ljudi do tega, da so zapustili cerkev, in ni ukrepal niti potem, ko je poslušal Božjo besedo. Prav tako je dolgo čutil pritisk, ker se ni temeljito pokesal za svoje napake, ko je še živel na tej zemlji, toda zdaj je lahko priznal svoje napake in je zato srečen.

Hvaležen je tudi zato, da ni kot starešina pristal v raju. Še vedno je sramotno, da kot starešina biva zgolj v prvem kraljestvu, a je kljub temu zadovoljen, saj je prvo kraljestvo veliko veličastnejši kraj od raja.

Zato se morate zavedati, da je obreza vašega srca najpomembnejša stvar, še bolj pomembna kot fizična zvestoba in vaš naziv.

Bog vodi Svoje otroke v boljša nebesa skozi preizkušnje

Tako kot mora atlet trdo trenirati in vložiti veliko truda za zmago, tako morate tudi vi iti skozi preizkušnje, da bi šli v boljše nebeško bivališče. Zato Bog omogoča preizkušnje za Svoje otroke, da bi jih vodil v boljša bivališča, pri tem pa se preizkušnje delijo na tri kategorije.

Prva kategorija so preizkušnje za odpravljanje grehov. Da bi postali pravi Božji otroci, se morate do krvi bojevati proti grehom, saj jih lahko le tako v celoti odpravite. Bog včasih tudi kaznuje Svoje otroke, kadar ne odpravijo grehov, ampak še naprej živijo v grehu (Hebrejcem 12:6). Tako kot starši včasih kaznujejo otroke, da bi jih usmerili na pravo pot, tako Bog omogoča preizkušnje za Svoje otroke, da bi bili popolni.

Druga kategorija so preizkušnje za dosego velike posode in prejem blagoslovov. David je že kot majhen deček rešil jagnje tako, da je usmrtil leva oz. medveda, ki je napadel njegovo čredo. Njegova vera je bila tako velika, da se je zanašal samo na Boga in s kamnom iz prače ubil celo Goljata, katerega se je bala vsa izraelska vojska. Razlog, zakaj je bil kljub temu deležen preizkušenj, tj. ko ga je preganjal kralj Savel, je bil ta, ker je Bog želel iz njega narediti veliko posodo in velikega kralja.

Tretja kategorija pa so preizkušnje za odpravo brezdelja, kajti ljudje se hitro začnejo oddaljevati od Boga, kadar so v miru. Na primer, nekateri so zvesti Božjemu kraljestvu in posledično prejmejo finančne blagoslove. Toda kmalu zatem prenehajo moliti in njihova vnema do Boga se ohladi. Če bi jih Bog pustil pri miru, bi kaj hitro zašli na pot smrti. Zato jim Bog omogoča preizkušnje, da bi si ponovno pridobili razsodnost.

Odpravite torej svoje grehe, ravnajte pravično in bodite velika posoda v očeh Boga, kateri dovoljuje te preizkušnje vere. Resnično upam, da bi prejeli vse čudovite blagoslove, ki jih je Bog pripravil za vas.

Nekateri ljudje so mnenja: „Rad bi se spreobrnil, vendar ni lahko, čeprav se trudim." A v resnici se ni težko spreobrniti. Takšnemu človeku preprosto primanjkuje gorečnosti in strasti za spreobrnjenje v globini njegovega srca.

V kolikor resnično duhovno razumete Božjo besedo in si prizadevate za spreobrnjenje v notranjosti vašega srca, vam bo to hitro uspelo, saj vam bo Bog dal milosti in moči. In seveda vam bo pri tem v pomoč tudi Sveti Duh. V kolikor pa zgolj poznate Božjo besedo kot informacijo v vaši glavi, a se ne ravnate po njej, boste kaj hitro postali vzvišeni in domišljavi in posledično boste zelo težko dosegli odrešenje.

Zato molim v imenu Gospoda, da ne bi izgubili strasti in radosti vaše prve ljubezni in bi še naprej sledili poželenju Svetega Duha ter si tako izborili boljše bivališče v nebesih.

8. poglavje

Drugo nebeško kraljestvo

1. Čudoviti zasebni domovi za vsakogar
2. Komu je namenjeno drugo nebeško kraljestvo?

*Vsekakor pa starešine prosim jaz,
ki sem sostarešina in priča trpljenja Kristusa,
in bom tudi sam deležen slave,
ki se bo razodela:
pásite Božjo čredo, ki vam je zaupana,
pazite nanjo, pa ne na silo,
ampak prostovoljno,
v skladu z Božjo voljo.
Ne zaradi grdega pohlepa po dobičku, ampak
z voljnim srcem.
Nikar ne nastopajte gospodovalno do tistega,
kar vam je zaupano,
ampak bodite čredi v zgled.
In ko se bo razodel Véliki Pastir,
boste dobili nevenljivi venec slave.*

- 1 Peter 5:1-4 -

Po eni strani bo vso vaše poznavanje nebes zaman, če tega ne boste resnično verjeli in dojemali v vašem srcu. Tako kot ptica zgrabi zrno, ki je vsejano ob poti, tako bo sovražnik Satan in hudič ugrabil vaše spoznanje o nebesih (Matej 13:19).

Po drugi strani pa, v kolikor poslušate besede o nebesih in jih doumete, boste živeli življenje vere in upanja ter obrodili sad, trideseternega, šestdeseternega ali celo stoternega. Sledili boste Božji besedi, zato ne boste zgolj izpolnili vaših dolžnosti, temveč boste hkrati posvečeni in zvesti v vsej Božji hiši. No, in kakšen kraj so potem druga nebesa in komu so namenjena?

1. Čudoviti zasebni domovi za vsakogar

Pojasnil sem vam že, da so ljudje, ki gredo v raj ali prvo kraljestvo, vsi dosegli sramotno odrešenje, kajti njihovo delo ni prestalo ognjenih preizkušenj. No, medtem pa prebivalci drugega kraljestva gojijo vero, ki je prestala ognjene preizkušnje, zato so nagrajeni z neprimerljivo večjimi nagradami kot ljudje v raju in prvem kraljestvu, vse v skladu z Božjo pravičnostjo, ki nagrajuje po tem, kar je bilo vsejano.

Če srečo posameznika v prvem kraljestvu primerjamo s srečo zlate ribice v akvariju, potem lahko srečo prebivalca drugega kraljestva primerjamo s srečo kita v prostranem Pacifiškem oceanu.

Zdaj pa si oglejmo značilnosti drugega kraljestva s poudarkom na tamkajšnje domove in življenje kot takšno.

Enonadstropni zasebni domovi za vsakogar

Za razliko od hiš v prvem kraljestvu, ki so kakor stanovanjska naselja, so hiše drugega kraljestva ločene enonadstropne zasebne zgradbe, ki jih ni moč primerjati niti z najlepšimi hišami, brunaricami ali počitniškimi hišicami na tem svetu. Tamkajšnje hiše so mogočne, čudovite in obdane s cvetjem in drevesi.

Ob prihodu v drugo kraljestvo pa ne prejmete samo hiše, ampak tudi vam najljubši prostor. Če si najbolj želite plavalnega bazena, boste dobili bazen, okrašen z zlatom in različnimi vrstami draguljev. Če si želite lastiti jezero, boste prejeli jezero, in če si želite plesno dvorano, boste prejeli plesno dvorano. Če radi hodite na sprehod, boste ob hiši prejeli čudovito sprehajalno pot, obarvano s cvetjem, rastlinjem in igrivimi živalmi.

Nikakor pa ne morete imeti vseh teh reči obenem, pa naj si še tako želite. Izberete lahko samo en tak prostor, ki vam je najbolj pri srcu. Ker pa si ljudje v drugem kraljestvu lastijo različne prostore, lahko obiskujejo drug drugega in si delijo udobje.

Če si nekdo lasti plesno dvorano, nima pa plavalnega bazena, lahko obišče soseda in pri njem uživa v bazenu. V nebesih ljudje radi strežejo drug drugemu in nikoli ne odslovijo nobenega obiskovalca. Pravzaprav so veseli in srečni vsakega obiska. Tako lahko v vsakem trenutku obiščete soseda in uživate v njegovem gostoljubju.

Drugo kraljestvo je v vseh pogledih veličastnejše od prvega kraljestva, še vedno pa ga seveda ne gre primerjati z Novim Jeruzalemom. V drugem kraljestvu denimo ni angelov, ki bi stregli Božjim otrokom. Velikost, lepota in razkošje tamkajšnjih hiš se močno razlikujejo od tistih v Novem Jeruzalemu, kot tudi sami materiali, barve in sijaj draguljev, ki krasijo hiše.

Čudovito obsijane table na vratih

Hiše v drugem kraljestvu so enonadstropne zgradbe s tablami na vratih, ki navajajo lastnika hiše in v posebnih primerih tudi ime cerkve, kateri je lastnik služil. Tabla je veličastno obsijana vzdolž imena lastnika iz nebeških črk, ki spominjajo na arabščino oz. hebrejščino. Ljudje v drugem kraljestvu tako porečejo: „Ah! Ta hiša pripade temu in onemu, ki je služil tej in oni cerkvi!"

Toda čemu je tako izrecno zapisano ime cerkve? Bog na ta način prinaša veliko trenutkov ponosa in slave članom, ki so služili cerkvi, ki je pomagala postaviti mogočno svetišče, katero bo sprejelo Gospoda ob Njegovem drugem prihodu v zraku.

Medtem pa hiše v tretjem kraljestvu in Novem Jeruzalemu nimajo tabel na vratih. Tamkajšnje prebivalstvo je namreč manj številčno in že po edinstvenem sijaju in aromi, ki obdajata hišo, lahko zlahka prepoznate, komu pripada določena hiša.

Čutijo obžalovanje, ker niso dosegli popolne posvečenosti

Morda se bo kdo vprašal: „Mar v nebesih ne bo neprijetno bivati, saj vendar v raju ni zasebnih hiš, medtem pa v drugem kraljestvu ljudje posedujejo zgolj en prostor po izbiri?" Vendar v nebesih ni prav nič nezadostnega ali neprijetnega. Ljudje se nikoli ne počutijo neprijetno, saj živijo v skupnosti, niso skopuški in z veseljem delijo svojo lastnino z drugimi. Pravzaprav so hvaležni, da lahko svoje razkošje delijo z drugimi in iz tega črpajo veliko osebne sreče.

Prav tako ne obžalujejo, da imajo v lasti le en sam zasebni prostor, in tudi drugim ne zavidajo njihovega bogastva. Vedno so globoko ganjeni in hvaležni Bogu Očetu, od katerega so prejeli več kot so si zaslužili, in vedno uživajo v nespremenljivi radosti in veselju.

Edina stvar, ki jo obžalujejo, je dejstvo, da se niso dovolj trudili in niso dosegli popolne posvečenosti, ko so živeli na tej zemlji. Obžalujejo in v sramu stojijo pred Bogom, ker niso odpravili vse hudobije znotraj sebe. Tudi ob pogledu na tiste, ki so odšli v tretja nebesa ali Novi Jeruzalem, jim ne zavidajo njihovih mogočnih domov in veličastnih nagrad, temveč zgolj obžalujejo, da tudi sami niso dosegli popolnega posvečenja.

Bog je pravičen, zato vam daje žeti, kar ste sejali, in vas nagrajuje po vaših delih. V skladu s tem vam tudi daje bivališče in nagrade v nebesih, potem ko ostajate zvesti na tej zemlji in postanete posvečeni. V tolikšni meri kot živite po Božji besedi, temu primerno vas bo Bog bogato nagradil.

Če ste v celoti izpolnjevali Njegovo besedo, vas bo Bog v nebesih blagoslovil z vsem, kar si boste zaželeli. Če pa ne živite v celoti po Božji besedi, vas bo Bog nagradil samo po vašem delu, a še vedno obilno.

Zato boste, ne glede na vašo končno destinacijo znotraj nebes, vedno hvaležni Bogu, ker vam je dal veliko več kot ste postorili na tej zemlji, in tako boste za vekomaj živeli v sreči in veselju.

Venec slave

Bog, ki obilno nagrajuje, daje nevenljive vence vsem prebivalcem prvega nebeškega kraljestva. Kakšen venec pa se potem daje prebivalcem drugega kraljestva? Čeprav niso dosegli popolne posvečenosti, so v imenu Božje slave izpolnjevali svoje dolžnosti, zato bodo prejeli venec slave. V 1 Peter 5:1-4 lahko preberemo, da se venec slave daje kot nagrada tistim, ki so dajali zgled in zvesto živeli v skladu z Božjo voljo.

Vsekakor pa starešine prosim jaz, ki sem sostarešina in priča trpljenja Kristusa, in bom tudi sam deležen slave, ki se bo razodela: pásite Božjo čredo, ki vam je zaupana, pazite nanjo, pa ne na silo, ampak prostovoljno, v skladu z Božjo voljo. Ne zaradi grdega pohlepa po dobičku, ampak z voljnim srcem. Nikar ne nastopajte gospodovalno do tistega, kar vam je zaupano, ampak bodite čredi v zgled. In ko se bo razodel Véliki Pastir, boste dobili nevenljivi venec slave.

„Nevenljivi venec slave" piše zato, ker so v nebesih vsi venci večni in nikoli ne ovenijo. Vse to nam daje vedeti, da so nebesa popoln svet, kjer je vse večno in kjer še en sam venec ne oveni.

2. Komu je namenjeno drugo nebeško kraljestvo?

V okolici Seula, glavnega mesta Republike Koreje, najdemo satelitska mesta, okrog teh pa majhna naselja. Enako pa se tudi v nebesih okrog tretjega nebeškega kraljestva, katerega del je tudi Novi Jeruzalem, raztezajo drugo kraljestvo, prvo kraljestvo in raj. Prvo kraljestvo je kraj za ljudi na drugi stopnji vere, ki si prizadevajo živeti v skladu z Božjo besedo. Kakšni ljudje pa potem gredo v drugo kraljestvo? Tam končajo ljudje na tretji stopnji vere, ki so dejansko živeli v skladu z Božjo besedo. No, naj vam podrobneje predstavim življenje in srce teh ljudi, ki gredo v drugo kraljestvo.

Drugo kraljestvo:
kraj za ljudi, ki niso v celoti posvečeni

V drugo kraljestvo lahko greste, če živite po Božji besedi in izpolnjujete svoje dolžnosti, a vaše srce še ni v celoti posvečeno.

Če ste privlačni, inteligentni in modri, boste jasno želeli, da bi vam bili vaši otroci podobni. Na enak način pa tudi Bog, ki je svet in popoln, za Svoje prave otroke želi, da bi Mu bili podobni.

Bog si želi otrok, ki bi Ga ljubili in izpolnjevali zapovedi, in to ne zaradi občutka dolžnosti, ampak iz ljubezni do Njega. Tako kot ste se pripravljeni žrtvovati, kadar nekoga resnično ljubite, tako boste z radostjo izpolnjevali vse Njegove zapovedi, v kolikor resnično ljubite Boga v vašem srcu.

Brezpogojno, z radostjo in zahvalnostjo boste izpolnjevali vse Njegove zapovedi, odpravili vse, kar vam bo Bog zapovedal odpraviti, se vzdržali vsega, kar Bog prepoveduje, in naredili vse, kar vam bo Bog naročil. Toda ljudje na tretji stopnji vere se ne znajo s popolno radostjo in zahvalnostjo ravnati po Božji besedi, saj še niso vzgojili tovrstne ljubezni.

Sveto pismo opisuje dela mesa (Galačanom 5:19-21) in poželenja mesa (Rimljanom 8:5). Kadar sproščate hudobijo, ki jo nosite v vašem srcu, temu pravimo dela mesa, medtem pa grešni naravi v vašem srcu, ki se še ni pokazala navzven, pravimo poželenje mesa.

Ljudje na tretji stopnji vere so uspešno odpravili vsa dela mesa, ki se kažejo navzven, še naprej pa v svojem srcu nosijo poželenja mesa. Izpolnjujejo vse Božje zapovedi, odpravijo vse, kar jim Bog zapove odpraviti, vzdržijo se vsega, kar Bog prepoveduje in naredijo vse, kar jim Bog ukaže. Kljub vsemu pa hudobija v njihovem srcu še ni v celoti izkoreninjena.

Tako potemtakem velja, da kadar izpolnjujete vašo dolžnost s srcem, ki ni v celoti posvečeno, takrat ste upravičeni do odhoda v drugo kraljestvo. „Posvečenost" pomeni stanje, ko ste odpravili vse oblike hudobije in v srcu nosite izključno samo dobroto.

Predpostavimo na primer, da neko osebo sovražite. Poslušali ste Božjo besedo, ki pravi „ne sovraži", zato se potrudite zadušiti to sovraštvo in ste pri tem tudi uspešni. Vendar, če te osebe ne boste dejansko ljubili v vašem srcu, potem še niste dosegli posvečenosti.

Zatorej, da bi iz tretje napredovali na četrto stopnjo vere, je ključnega pomena, da si do krvi prizadevate odpraviti grehe.

Ljudje, ki so po Božji milosti izpolnili svojo dolžnost

Drugo kraljestvo je kraj za ljudi, ki niso dosegli popolne

posvečenosti svojega srca, a so izpolnili vse dolžnosti pred Bogom. Oglejmo si primer osebe, ki je odšla v drugo kraljestvo, in sicer članico, ki je umrla, medtem ko je služila centralni (Joong-ang) cerkvi Manmin.

Centralno cerkev Manmin je obiskala skupaj s svojim možem v letu odprtja cerkve. Trpela je za hudo boleznijo in bila po moji molitvi ozdravljena, zato so vsi člani njene družine postali verniki. Družina je dozorela v veri in ona je postala višja diakonica, njen mož starešina in njeni otroci so odrasli in danes služijo Gospodu – eden je duhovnik, druga je pastorjeva žena, tretji pa misijonar.

Ta članica pa ni odpravila vse hudobije in ni ustrezno opravila svoje dolžnosti, vendar se je kasneje za to pokesala po Božji milosti, izpolnila svojo dolžnost in umrla. Bog mi je razodel, da je bila poslana v drugo kraljestvo in mi dovolil z njo vzpostaviti duhovno komunikacijo.

Ob vstopu v nebesa je najbolj obžalovala dejstvo, da ni odpravila vseh grehov in postala v celoti posvečena, in tudi dejstvo, da ni izrazila nobene zahvalnosti iz srca do pastirja, ki jo je vodil z ljubeznijo in molil za njeno ozdravljenje.

Prav tako je bila prepričana, da bi v luči tega, kar je dosegla s svojo vero, kako je služila Gospodu in glede na izrečene besede, dejansko morala iti v prvo kraljestvo. A ko se ji je čas na tej zemlji iztekal, je s pomočjo ljubeče molitve pastirja in skozi ugajanje Bogu njena vera hitro rasla in naposled je lahko odšla v drugo kraljestvo.

Pred smrtjo je njena vera rasla izredno hitro. Osredotočala se je na molitev in razdelila na tisoče izvodov cerkvenega glasila po vsej okolici. Ni se ozirala nase, temveč je samo zvesto služila Gospodu.

Opisala mi je tudi hišo, v kateri bo živela v nebesih. Dejala je, da četudi gre za enonadstropno zgradbo, je ta urejena s prečudovitim cvetjem in drevesi ter tako velika in veličastna, da je ni moč primerjati z nobeno hišo na tej zemlji. Seveda, v primerjavi s hišami tretjega kraljestva ali Novega Jeruzalema je njen dom videti kakor slamnata hiša, vendar je kljub temu neskončno zadovoljna, saj je dobila več, kot si je zaslužila. Članom svoje družine je želela predati naslednje sporočilo, zato da bi ti lahko odšli v Novi Jeruzalem:

„**Nebesa so zelo strogo razdeljena. Slava in veličastvo se močno razlikujeta glede na kraj, zato jih znova in znova rotim in spodbujam, da bi dosegli Novi Jeruzalem. Članom moje družine, ki so še na zemlji, bi rada sporočila, kako zelo sramotno je stopiti pred našega Očeta Boga v nebesih, kadar nismo odpravili vseh grehov. Nagrade, ki jih Bog daje prebivalcem Novega Jeruzalema, in veličastnost tamkajšnjih hiš so vse zavidanja vredne stvari, toda v prvi vrsti bi jim rada sporočila, kako žalostno in sramotno je stati pred Bogom, kadar človek ni odpravil vse hudobije iz svojega srca. To sporočilo bi rada posredovala moji družini zato, da bi ti odpravili vso hudobijo in stopili v veličastna bivališča znotraj Novega Jeruzalema.“**

Zato vas tudi jaz spodbujam, da bi dojeli, kako dragoceno in pomembno je doseči posvečenost srca in posvetiti življenje kraljestvu in pravičnosti Boga, saj si boste le tako lahko s silo utirali pot proti Novemu Jeruzalemu.

Zvesti ljudje, ki grešijo zaradi napačnega koncepta pravičnosti

Oglejmo si primer neke druge članice moje cerkve, ki je ljubila Gospoda in zvesto opravljala svojo dolžnost, a vendarle ni odšla v tretja nebesa zaradi določenih pomanjkljivosti v njeni veri.

Centralno cerkev Manmin je obiskala skupaj z bolnim možem in kasneje postala zelo aktivna članica. Njenega moža so prinesli v cerkev na nosilih, a je nato njegova bolečina izginila in je vstal ter začel hoditi. Predstavljajte si, kako hvaležna in vesela je morala biti! Za vedno je ostala hvaležna Bogu, ki je ozdravil bolezen njenega moža, in svojemu pastorju, ki je zanj molil z ljubeznijo. Vedno je ostajala zvesta. Molila je za Božje kraljestvo in z zahvalnostjo do svojega pastirja, vedno kadar je hodila, sedela, stala in tudi kadar je kuhala.

Prav tako je močno ljubila svoje brate in sestre v Kristusu, zato jih je spodbujala in skrbela za druge vernike ter raje nudila uteho drugim kot jo iskala sama zase. Želela je samo živeti v skladu z Božjo besedo in si do krvi prizadevala odpraviti vse grehe. Nikoli ni zavidala ali hrepenela po posvetni lastnini, temveč se je osredotočala le na oznanjevanje evangelija svojim sosedom.

Ta njena globoka zvestoba do Božjega kraljestva je v meni vzbudila navdih Svetega Duha, zato sem ji ponudil vodenje bogoslužja v moji cerkvi. Trdno sem verjel, da če bo zvesto opravljala svojo dolžnost, bodo vsi člani njene družine, vključno z možem, pridobili duhovno vero.

A nazadnje ji ni uspelo, saj so jo prevzele mesene misli in

privabile njene okoliščine. Kmalu zatem je umrla. Bilo mi je hudo zanjo in ko sem molil k Bogu, sem skozi duhovno komunikacijo slišal njeno izpoved:

„Naj se še tako kesam za svojo neubogljivost do pastirja, časa ne morem pomakniti nazaj. Zato samo neprenehoma molim za Božje kraljestvo in za pastirja. Svojim dragim bratom in sestram pa sporočam, da vse pastirjeve besede izražajo Božjo voljo. Nikar ne prekršite Božje volje, kajti poleg jeze je to največji greh, ki vodi ljudi v težave. Bila sem pohvaljena, ker ne bruham jeze, imam skromno srce in si prizadevam biti v celoti poslušna. Postala sem oseba, ki trobi v Gospodovo trobento. Dan, ko bom v objem sprejela moje brate in sestre, se hitro bliža in iskreno upam, da so razsodni in popolni ter tudi sami z veseljem čakajo ta dan."

Zaupala mi je še veliko drugih reči in dejala, da je neposlušnost tista, zaradi katere ni mogla oditi v tretje kraljestvo.

„Bila sem neposlušna, dokler nisem prišla v to kraljestvo. Med poslušanjem pridige sem si včasih dejala ‚ne, ne, ne'. Nisem dovolj dobro izpolnila svoje dolžnosti. Zanašala sem se na svoje mesene misli in bila odločena, da bom izpolnila svojo dolžnost takrat, ko se bodo izboljšale moje okoliščine. V očeh Boga je bila to izredno velika napaka."

Prav tako je dejala, da je zavidala duhovnikom in tistim, ki so skrbeli za cerkvene finance, zavedajoč se, da bodo ti ljudje bogato nagrajeni v nebesih. A ko je naposled stopila v nebesa, je ugotovila, da temu v resnici pogosto ni tako.

„Ne! Ne! Ne! Samo tisti, ki ravna v skladu z Božjo besedo, bo prejel velike nagrade in blagoslove. Kadar cerkveni voditelji ravnajo napačno, gre za veliko večji greh kot kadar grešijo navadni člani. Voditelji morajo več moliti in biti bolj zvesti. Biti morajo boljši učitelji z veliko razsodnosti. Ravno zato je zapisano v enem od štirih evangelijev, da slepi slepega vodi. Besede ,Moji bratje, med vami naj ne bo veliko učiteljev' nas učijo, da bo človek blagoslovljen, če bo naredil kar največ v njegovem položaju. Bliža se namreč dan, ko se bomo srečali kot Božji otroci v večnih nebesih, zato bi moral vsak odpraviti vsa dela mesa, postati pravičen in pridobiti ustrezne kvalifikacije kakor Gospodova nevesta, da bo lahko brez sramu stopil pred Boga."

Zato se morate zavedati, kako pomembno je doseči posvečenost srca in biti poslušen, in to ne iz občutka dolžnosti, temveč iz radosti v vašem srcu in ljubezni do Boga. Poleg tega ne smete biti zgolj obiskovalec cerkve, ampak se morate nenehno ozirati vase in se spraševati, v katero nebeško bivališče bi odšli, če bi Oče danes poklical vašo dušo.

Prizadevajte si biti zvesti pri vseh vaših dolžnostih in živite po Božji besedi, da boste dosegli popolno posvečenost in bili upravičeni do odhoda v Novi Jeruzalem.

Prvo pismo Korinčanom 15:41 nas uči, da bo vsak prejel različno mero slave v nebesih. *„Drugo je veličastvo sonca in drugo veličastvo lune in drugo veličastvo zvezd. Zvezda se namreč od zvezde razlikuje po veličastvu."* Kdor bo rešen, bo užival večno življenje v nebesih. Nekateri bodo bivali v raju, medtem ko drugi v Novem Jeruzalemu, vse v odvisnosti od mere njihove vere. Te velikanske razlike v slavi in veličastvu pravzaprav sploh ni mogoče opisati.

Zato molim v imenu Gospoda, da ne bi ohranjali vere zgolj zato, da bi bili rešeni, temveč da bi kot kmet — ki je prodal vso svoje imetje, da bi lahko kupil njivo in izkopal zaklad — živeli v skladu z Božjo voljo in odpravili vse oblike hudobije, vstopili v Novi Jeruzalem in tam v slavi sijali kakor sonce.

9. poglavje

Tretje nebeško kraljestvo

1. Angeli strežejo vsakemu Božjemu otroku

2. Komu je namenjeno tretje nebeško kraljestvo?

*Blagor človeku,
ki stanovitno prenaša preizkušnjo,
kajti ko bo postal preizkušen,
bo prejel venec življenja,
ki ga je Bog obljubil njim,
kateri Ga ljubijo.*

- Jakob 1:12 -

Bog je Duh, in On je dobrota, luč in ljubezen sama. Ravno zato si tudi želi, da bi Njegovi otroci odpravili vse grehe in vse hudobije. Jezus, ki je v mesu prišel na ta svet, je brez vsakega madeža, kajti On je Bog sam. In kakšen človek morate potemtakem biti, da bi postali nevesta, ki bo sprejela Gospoda? Da bi postali pravi Božji otrok in Gospodova nevesta, ki bo večno delila pravo ljubezen z Bogom, morate odsevati bogopodobnost in doseči posvečenost, tako da odpravite vse oblike hudobije.

Tretje nebeško kraljestvo, ki predstavlja kraj za tovrstne Božje otroke, ki so sveti in podobni Bogu, se močno razlikuje od drugega kraljestva. Bog namreč sovraži hudobijo in hrepeni po dobrem, zato na zelo poseben način obravnava Svoje otroke, ki so posvečeni. Toda, kakšen kraj je potem tretje kraljestvo in kako močno morate ljubiti Boga, da bi odšli v ta kraj?

1. Angeli strežejo vsakemu Božjemu otroku

Hiše tretjega kraljestva so neprimerljivo veličastnejše in mogočnejše od enonadstropnih hiš drugega kraljestva. Okrašene so z vsemi različnimi vrstami draguljev in ponujajo vso ugodje, ki si ga lastniki želijo.

Poleg tega so od tretjega kraljestva naprej Božjim otrokom na voljo angeli, ki ljubijo in obožujejo svoje gospodarje ter jim strežejo samo tiste najboljše reči.

Zasebna strežba s strani angelov

Pismo Hebrejcem 1:14 pravi: „*Mar niso vsi ti le duhovi, ki opravljajo službo in so poslani, da strežejo zaradi tistih, ki bodo dediči odrešenja?*" Angeli so v celoti duhovna bitja, ki so kot ena od Božjih stvaritev na las podobni človeku, četudi niso oblikovani iz kosti in mesa in nimajo ničesar opraviti s poroko ali smrtjo. Za razliko od človeka angeli nimajo osebnega značaja, a vendar prekašajo človeka po znanju in moči (2 Peter 2:11).

Nebesa so polna angelov, kar potrjuje tudi pismo Hebrejcem 12:22, ki govori o nepreštevnem številu angelov. Bog je angele razvrstil v hierarhičen sistem, jim dodelil različne naloge in temu primerno oblast.

Angeli imajo tako različne nazive, kot so nebeški vojaki, angeli in nadangeli. Na primer, Gabriel, ki služi kot civilni funkcionar, se nam razodeva v molitvi ali videnjih in nam prinaša odgovore (Daniel 9:21-23, Luka 1:19, 1:26-27). Nadangel Mihael je kot nekakšen vojaški častnik, ki zaseda položaj ministra nebeške vojske. V glavnem poveljuje nad bitkami zoper zlih duhov, občasno pa tudi sam prebije bojne črte temačnih sil (Daniel 10:13-14, 10:21; Juda 1:9; Razodetje 12:7-8).

Med angeli pa so tudi takšni, ki zasebno strežejo svojim gospodarjem. V raju, prvem kraljestvu in drugem kraljestvu angeli občasno strežejo Božjim otrokom, noben angel pa zasebno ne streže svojemu gospodarju. Tamkajšnji angeli zgolj skrbijo za stvari kot so trava, cvetje in javni prostori, zato da ne prihaja do neprijetnosti, prav tako pa angeli prenašajo tudi Božja sporočila.

Medtem pa so prebivalci tretjega kraljestva in Novega Jeruzalema nagrajeni z zasebnimi angeli, saj so ljubili Boga in Mu močno ugajali. Razlikuje pa se tudi število dodeljenih angelov, vse v skladu s tem, kako je posameznik podoben Bogu in kako Mu je ugajal s poslušnostjo.

Kadar si nekdo lasti veliko hišo v Novem Jeruzalemu, bo hkrati prejel tudi veliko angelov, kajti to pomeni, da lastnik odseva veliko bogopodobnost in je privedel veliko ljudi do odrešenja. Določeni angeli skrbijo za hišo, drugi angeli za prostore in opremo, ki je bila lastniku dana v obliki nagrad, spet drugi angeli pa zasebno strežejo gospodarju. Kljub temu pa je število angelov seveda omejeno.

Če boste odšli v tretje kraljestvo, potemtakem ne boste imeli le angelov, ki vam bodo stregli zasebno, temveč bodo angeli skrbeli tudi za vašo hišo in za udobje vaših obiskovalcev. Neskončno boste hvaležni Bogu, da ste lahko odšli v tretje kraljestvo, kjer vam Bog dovoljuje večno kraljevati, medtem ko vam strežejo angeli, katere vam Bog daje kot večno nagrado.

Veličastne večnadstropne zasebne hiše

Hiše tretjega kraljestva krasijo vrtovi in jezera ter čudovito cvetje in drevesa, ki oddajajo prijetne vonjave. Jezera so polna rib, s katerimi se ljudje lahko pogovarjajo in z njimi delijo ljubezen. Angeli igrajo prelepo glasbo in ljudje skupaj z njimi slavijo Boga.

Za razliko od prebivalcev drugega kraljestva, ki si lahko lastijo le en priljubljeni objekt oziroma prostor, pa si prebivalci tretjega kraljestva lastijo prav vse, kar si želijo, od golf igrišča, plavalnega bazena, jezera, sprehajalne poti, plesne dvorane in tako naprej. Tako jim tudi ni treba obiskati soseda, da bi uživali nekaj, česar sami nimajo. Prav vse lahko uživajo kadarkoli si zaželijo.

Hiše tretjega kraljestva so večnadstropne zgradbe, ki so naravnost veličastne, razkošne in zelo velike. Okrašene so tako lepo, da kaj takšnega ne more posnemati niti največji milijonar na zemlji. In mimogrede, hiše tretjega kraljestva nimajo tabel z imenom lastnika na vratih. Ljudje preprosto vedo, komu pripada hiša, saj ta oddaja edinstveni vonj, ki izžareva čisto in čudovito srce gospodarja.

Hiše tretjega kraljestva se med seboj razlikujejo po vonju in moči svetlobe. Bolj ko je gospodar podoben Bogu, prijetnejša in močnejša sta vonj in svetloba.

V tretjem kraljestvu si lahko lastite tudi hišne ljubljenčke in ptice, ki so še veliko lepše in bolj ljubke od tistih v prvem ali drugem kraljestvu. Javno so na voljo tudi oblačni avtomobili, s katerimi lahko ljudje po želji potujejo po brezkončnih nebesih.

Kot že rečeno si prebivalci tretjih nebes lastijo in počnejo vse, kar si želijo. Življenje v tretjih nebesih presega meje naše domišljije.

Venec življenja

Razodetje 2:10 obljublja „venec življenja" vsakemu, ki je bil vse do smrti zvest Božjemu kraljestvu.

> *Nič se ne boj tega, kar ti je pretrpeti. Glej, hudič bo nekatere izmed vas vrgel v ječo, da bi vas preizkusil: deset dni boste v stiski. Bodi zvest vse do smrti in dal ti bom venec življenja.*

„Bodi zvest vse do smrti" se tukaj ne nanaša samo na zvestobo, ko ste pripravljeni postati mučenik, temveč hkrati ne smemo sklepati kompromisov s svetom in moramo postati popolnoma sveti, tako da se do krvi borimo in odpravimo vse grehe. Bog z vencem življenja nagrajuje tiste, ki stopijo v tretje kraljestvo, kajti ti ljudje so bili zvesti vse do smrti in so premagali vse različne preizkušnje in težave (Jakob 1:12).

Kadar prebivalci tretjega kraljestva obiščejo Novi Jeruzalem, nosijo okrogel znak na desnem robu njihovega venca življenja. Prebivalci raja, prvega in drugega kraljestva pa ob obisku Novega Jeruzalema nosijo našitek z napisom na levi strani prsi. To nam daje vedeti, kako drugačna je slava oziroma veličastvo prebivalcev tretjih nebes.

Medtem pa so prebivalci Novega Jeruzalema pod posebno Božjo oskrbo, zato ne potrebujejo nobenih znakov ali našitkov, da bi bili razpoznavni. Kot pravi Božji otroki so izredno lepo obravnavani.

Hiše Novega Jeruzalema

Hiše tretjega kraljestva se močno razlikujejo od hiš Novega Jeruzalema, ko govorimo o velikosti, lepoti in veličastvu.

Če rečemo, da velikost najmanjše hiše v Novem Jeruzalemu znaša 100, potem za tretje kraljestvo velja število 60. Na primer, če najmanjša hiša v Novem Jeruzalemu meri 10.000 kvadratnih metrov, potem hiša v tretjem kraljestvu meri 6.000 kvadratnih metrov.

Tudi velikost posameznih hiš se razlikuje, saj je ta v celoti odvisna od tega, kako močno si je gospodar prizadeval postaviti

Nebesa I

Božjo cerkev in rešiti kar največ duš. V Mateju 5:5 Jezus pravi: *„Blagor krotkim, kajti deželo bodo podedovali."* V odvisnosti od števila duš, ki jih je lastnik hiše s ponižnim srcem popeljal v nebesa, bo določena velikost njegove hiše.

Tako je v tretjem kraljestvu in Novem Jeruzalemu veliko hiš, ki merijo več kot 1.000 kvadratnih metrov, a tudi tista največja hiša tretjega kraljestva je še vedno veliko manjša od tistih v Novem Jeruzalemu. Poleg velikosti se močno razlikuje tudi sama oblika, lepota in dragulji, s katerimi so okrašene hiše.

V Novem Jeruzalemu nimamo le dvanajstih draguljev kot temeljnih kamnov, temveč še številne druge čudovite dragulje, ki so nepredstavljivo veliki in bleščeči. Pravzaprav je tam toliko različnih draguljev, da jih ni mogoče vseh poimenovati, in nekateri med njimi oddajajo dvojne ali celo trojne prekrivajoče se žarke.

Seveda je tudi tretje kraljestvo polno draguljev, ki pa jih vseeno ni moč primerjati s tistimi v Novem Jeruzalemu. Tam denimo ni draguljev, ki oddajajo dvoje ali troje žarkov. Dragulje tretjega kraljestva krasijo veliko lepše barve kot dragulje v prvem ali drugem kraljestvu, vendar pa gre le za preproste in osnovne dragulje, in tudi dragulj enake vrste je tam manj veličasten kot njegov ekvivalent v Novem Jeruzalemu.

Iz teh razlogov prebivalci tretjega kraljestva občudujejo in hrepenijo po Novem Jeruzalemu, ki je poln Božje slave.

„Ko bi se le nekoliko bolj potrudil
in bil zvest v vsej Božji hiši..."
„Ko bi le Oče enkrat poklical moje ime..."
„Ko bi bil vsaj še enkrat povabljen..."

Tretje kraljestvo je polno nepredstavljive sreče in lepote, ki pa ju kljub temu ni mogoče primerjati s srečo in lepoto Novega Jeruzalema.

2. Komu je namenjeno tretje nebeško kraljestvo?

Ko odprete svoje srce in sprejmete Jezusa Kristusa kot vašega osebnega Odrešenika, takrat pride Sveti Duh in vas pouči o grehu, pravičnosti in razsodnosti ter vam tako pomaga dojeti resnico. Kadar izpolnjujete Božjo besedo, odpravite vse oblike hudobije in postanete posvečeni, boste dosegli četrto stopnjo vere in vaši duši bo šlo dobro.

In kdor doseže četrto stopnjo vere, ta goreče ljubi Boga in je tudi sam ljubljen od Boga, zato bo poslan v tretje kraljestvo. Toda kakšen točno je ta človek, ki ima to vero za odhod v tretje kraljestvo?

Kdor doseže posvečenost, tako da odpravi vse oblike hudobije

V času Stare zaveze ljudje niso prejeli Svetega Duha, zato tudi niso mogli z lastno močjo odpraviti grehov, ki so jih nosili globoko v srcu. Iz tega razloga so se posluževali fizičnega obrezovanja in v kolikor se hudobija ni pokazala v dejanju, tega niso smatrali za greh. Četudi je nekdo razmišljal o umoru druge osebe, to ni veljalo za greh, dokler te misli ni uresničil z dejanjem. Šele tedaj se je to smatralo za greh.

No, medtem pa v času Nove zaveze, v kolikor sprejmete Gospoda Jezusa Kristusa, pride Sveti Duh v vaše srce. A če vaše srce ni posvečeno, ne morete oditi v tretje kraljestvo, in sicer zato, ker imate na voljo možnost, ko si lahko ob pomoči Svetega Duha obrežete vaše srce.

V tretje kraljestvo lahko stopite šele takrat, ko odpravite vse hudobije, kot so sovraštvo, prešuštvo in pohlep ter postanete posvečeni. In kakšna oseba ima posvečeno srce? Gre za osebo, ki jo krasi svetost Gospoda in je dosegla duhovno ljubezen, kot jo opisuje 13. poglavje Prvega pisma Korinčanom, devet sadov Svetega Duha iz 5. poglavja Pisma Galačanom, ter osmero blagrov iz 5. poglavja evangelija po Mateju.

Seveda pa to še ne pomeni, da je ta oseba enaka Gospodu. Človek se lahko še tako močno bori proti grehom in postane posvečen, pa se njegova stopnja vere ne more nikoli primerjati s tisto od Boga, ki je izvir luči.

Da bi dosegli posvečeno srce, morate potemtakem najprej zasaditi dobro zemljo v vašem srcu. Povedano drugače, spremeniti morate svoje srce v dobro zemljo, tako da izpolnjujete vse zapovedi Svetega pisma. Šele tedaj boste lahko posejali semena in obrodili dobre sadove. Tako kot kmet obdela zemljo in posadi semena, ki nato vzklijejo, se razcvetijo in obrodijo sadove, tako bo uspelo tudi vam, potem ko boste izpolnjevali vse, kar vam bo Bog zapovedal.

Posvečenost se torej nanaša na stanje, ko se skozi dela Svetega Duha oseba očisti izvirnega in tudi lastnih grehov, saj veruje v odrešilno moč Jezusa Kristusa in tako doseže ponovno rojstvo iz vode in Svetega Duha. Odpuščanje grehov skozi vero v kri Jezusa

Kristusa pa ni enako odstranitvi grešne narave znotraj vas ob pomoči Svetega Duha, goreče molitve in postenja.

Sprejetje Jezusa Kristusa in naziv Božjega otroka še ne pomenita, da so vsi grehi znotraj vašega srca v celoti izkoreninjeni. V sebi namreč še naprej nosite hudobije, kot so sovraštvo in ponos, zato je še kako ključen ta proces, pri katerem si prizadevate odkriti hudobijo skozi poslušanje Božje besede in bojevanje zoper greha vse do krvi (Hebrejcem 12:4). Na ta način boste odpravili dela mesa in dosegli napredek v smeri posvečenosti. Stanje, ko ste v srcu odvrgli ne samo dela mesa, ampak tudi poželenja mesa, predstavlja četrto stopnjo vere oziroma stopnjo posvečenosti.

Posvečeni smo, ko odpravimo grehe v svoji naravi

Kaj so grehi v posameznikovi naravi? To so grehi, ki se že vse od Adamove neposlušnosti prenašajo iz roda v rod preko semena življenja. Na primer, še dojenček, ki ni dopolnil niti svojega prvega leta, lahko v sebi kuje hudobijo. Četudi ga mati nikoli ni naučila hudobije, kot sta sovraštvo in zavist, bo hitro postal jezen in hudoben, če bo njegova mati dojila sosedovega dojenčka. Morda bo poskušal odriniti tega drugega otroka proč, nakar bo začel bo jokati in bruhati jezo, če se ta ne bo umaknil stran od njegove matere.

Ko dojenček tako izkazuje hudobijo, čeprav se tega ni nikoli naučil, vse to izvira iz greha v njegovi naravi. Medtem pa so lastni grehi tisti, ki se razkrivajo skozi fizična dejanja kot rezultat grešnih poželenj srca.

Seveda, če ste posvečeni oziroma očiščeni izvirnega greha,

potem je povsem jasno, da bodo vaši lastni grehi odvrženi, saj ste vendar izkoreninili izvor grehov. Duhovna preroditev potemtakem pomeni začetek poti do popolne posvečenosti. Če ste ponovno rojeni, resnično upam, da boste živeli uspešno krščansko življenje in dosegli posvečenost.

V kolikor si resnično želite postati posvečeni in si povrniti izgubljeno bogopodobnost, in v kolikor se trudite po najboljših močeh, vam bo po milosti Božji in ob pomoči Svetega Duha uspelo odpraviti grehe v vaši naravi. In upam, da boste nekoč odsevali sveto srce Boga, kateri vam narekuje: *„Bodite sveti, ker sem Jaz svet"* (1 Peter 1:16).

Posvečeni, a ne povsem zvesti v vsej Božji hiši

Bog mi je omogočil voditi duhovno komunikacijo z umrlo osebo, ki je kvalificirana za odhod v tretje kraljestvo. Vrata njene hiše so okrašena z biseri, in sicer zato, ker je za časa življenja na tej zemlji veliko in vztrajno molila s solzami v očeh. Bila je zvesta vernica, ki je z vztrajnostjo in solzami molila za kraljestvo in pravičnost Boga, kot tudi za njeno cerkev, duhovnike in vse člane.

Preden je srečala Gospoda, je bila tako siromašna in nesrečna, da se ni uspela dokopati niti do najmanjšega koščka zlata. A nato je sprejela Gospoda in začela teči proti posvečenosti, kajti skozi Božjo besedo je dojela resnico in znala biti poslušna.

Prav tako je dobro opravljala svojo dolžnost, saj jo je poučeval duhovnik, ki je bil zelo ljubljen od Boga. Zaradi vsega tega bo naposled končala v bolj svetlem in veličastnem kraju znotraj tretjega kraljestva.

Poleg tega bo prejela tudi bleščeč dragulj iz Novega Jeruzalema, ki bo krasil vrata njene hiše. Gre za dragulj od duhovnika, kateremu je zvesto služila na tej zemlji. Duhovnik bo vzel enega od številnih draguljev iz njegove dnevne sobe ter ga ob obisku tretjega kraljestva namestil na vrata njene hiše. Ta dragulj bo služil kot opomin, da jo duhovnik močno pogreša, potem ko ni uspela vstopiti v Novi Jeruzalem, četudi mu je veliko pomagala na tej zemlji. Številni prebivalci tretjega kraljestva bodo z zavidanjem gledali na ta njen dragulj.

Seveda pa tudi sama močno obžaluje, da ni mogla oditi v Novi Jeruzalem. Če bi zbrala dovolj vere za odhod v Novi Jeruzalem, bi živela skupaj z Gospodom, duhovnikom, kateremu je služila na tej zemlji, ter drugimi ljubljenimi člani njene cerkve. Ko bi bila le kanček bolj zvesta na tej zemlji, bi lahko stopila v Novi Jeruzalem, a je zaradi neposlušnosti zamudila to priložnost, ko ji je bila ponujena.

Še vedno pa je hvaležna in globoko ganjena za vso slavo, ki ji je bila dana v tretjem kraljestvu, saj je prejela veliko dragocenih stvari v obliki nagrad, za katere si nikakor ne more pripisati lastnih zaslug.

„Čeprav nisem odšla v Novi Jeruzalem, ki je poln Očetove slave, kajti nisem bila pri vsem popolna, si vendarle lastim čudovito hišo v tretjem kraljestvu. Moja hiša je ogromna in prekrasna. V primerjavi s hišami Novega Jeruzalema je sicer majhna, vendar ponuja izjemno ugodje, ki si ga svet ne more niti predstavljati.

Postorila nisem ničesar. Darovala nisem ničesar. Naredila nisem ničesar zares koristnega. In tudi ničesar, kar bi razveselilo

Gospoda. Kljub temu pa tukaj uživam veliko slavo, za kar sem neskončno hvaležna. Vso zahvalo dajem Bogu, ki mi je dovolil bivati v tako veličastnem kraju znotraj tretjega kraljestva."

Mučeniška vera

Tako kot lahko v tretje kraljestvo vstopi oseba, ki strastno ljubi Boga in postane posvečena, tako lahko vstopite vsaj v tretje kraljestvo tudi z mučeniško vero, s katero ste pripravljeni za Boga žrtvovati prav vse, tudi vaše življenje.

Člani zgodnjih krščanskih cerkva, ki so ohranjali vero vse do trenutka, ko so bili obglavljeni, sežgani ali vrženi med leve v rimskem Koloseju, so bili deležni nagrade za svoje mučeništvo v nebesih. Seveda pa ni lahko postati mučenik pod tako hudim preganjanjem in zatiranjem.

Obkrožajo te ljudje, ki ne posvečujejo Gospodovega dne in/ali zanemarjajo svojo od Boga dano dolžnost, vse zaradi hlepenja po denarju. Ti ljudje, ki niso sposobni izpolnjevati tako preprostih reči, nikoli ne ohranijo vere v življenje ogrožujoči situaciji, kaj šele, da bi postali mučeniki.

Kdo ima potemtakem mučeniško vero? Ljudje z zvestim in neomajnim srcem, kot je denimo Danijel iz Stare zaveze. Kdor je v duši razdvojen, išče lastne koristi in sklepa kompromise s svetom, ta ima zelo majhne možnosti, da bi postal mučenik.

Mučeniki, kot je bil Danijel, morajo imeti resnično neomajna srca. Danijel je ohranil pravičnost vere, čeprav se je dobro zavedal, da bo vržen v levnjak. Ohranil je svojo vero vse do zadnjega trenutka, ko so ga hudobni možje vrgli v levnjak. Niti za trenutek se ni oddaljil od resnice, kajti njegovo srce je bilo čisto in neomadeževano.

Enako velja za Štefana iz Nove zaveze, ki je bil kamenjan do smrti, medtem ko je oznanjeval evangelij Gospoda. Štefan je bil posvečen možakar, ki je molil celo za tiste pokvarjence, ki so ga kamenjali navkljub njegovi nedolžnosti. Predstavljajte si, kako močno ga je moral Gospod ljubiti. Prav gotovo bo na vse veke hodil skupaj z Gospodom v nebesih, in njegova lepota in slava bosta gromozanski. Zato se morate zavedati, da je najpomembneje doseči pravičnost in posvečenost srca.

Danes le redki gojijo pravo vero. Še sam Jezus je vprašal: „*Toda ali bo Sin človekov, ko pride, našel vero na zemlji?*" (Luka 18:8) Kako dragoceni boste v očeh Boga, če postanete posvečen otrok, tako da ohranjate vero in odpravite vse oblike hudobije že na tem svetu, polnem greha?

Zato resnično molim v imenu Gospoda, da bi goreče molili in hitro obrodili posvečeno srce ter se veselili slave in nagrad, ki jih boste prejeli od Boga Očeta v nebesih.

10. poglavje

Novi Jeruzalem

1. Prebivalci Novega Jeruzalema srečujejo Boga iz oči v oči

2. Komu je namenjen Novi Jeruzalem?

*Videl sem tudi sveto mesto, novi Jeruzalem,
ko je prihajal z neba od Boga,
pripravljen kakor nevesta,
ki se je ozaljšala za svojega ženina.*

- Razodetje 21:2 -

V Novem Jeruzalemu, najbolj čudovitem kraju znotraj nebes, ki je poln Božje slave, se nahaja Božji prestol, Božji gradovi, Sveti Duh ter domovi ljudi, ki so z najvišjo stopnjo vere močno ugajali Bogu. Hiše Novega Jeruzalema so zgrajene na najbolj veličasten način po željah njihovih bodočih gospodarjev. Za vstop v Novi Jeruzalem, ki je bleščeč in čudovit kakor kristal, in da bi za vedno delili pravo ljubezen z Bogom, morate doseči sveto bogopodobnost ter v celoti izpolniti vašo dolžnost oziroma poslanstvo, tako kot je to storil Gospod Jezus.
Toda, kakšen kraj je Novi Jeruzalem in kdo bo tam bival?

1. Prebivalci Novega Jeruzalema srečujejo Boga iz oči v oči

Novi Jeruzalem, oziroma nebeško sveto mesto, je čudovit kakor nevesta, ki se je uredila za svojega moža. Tamkajšnji prebivalci imajo ta privilegij, da se lahko v živo srečajo z Bogom, saj se tam nahaja Njegov prestol.

Novi Jeruzalem se imenuje tudi „mesto slave", ker boste tam za vse veke prejemali slavo od Boga. Zidovje je izdelano iz smaragda, samo mesto pa iz suhega zlata, čistega kakor prosojno steklo. Mesto ima tri vrata na vsaki od štirih strani – sever, jug, vzhod in zahod – in pred vsakimi vrati stoji stražar angel. Dvanajst temeljnih kamnov mesta je izdelano iz dvanajstih različnih draguljev.

Dvanajst bisernih vrat Novega Jeruzalema

Zakaj so vrata Novega Jeruzalema izdelana iz biserov? Školjka bisernica mora vložiti veliko časa in veliko njenih sokov, da bi izdelala en sam biser. Na podoben način pa morate tudi vi odpraviti grehe, se bojevati do krvi proti njim ter biti zvesti pred Bogom vse do smrti. Bog je izdelal vrata iz biserov, ker morate tudi vi z radostjo premagati vaše okoliščine, da bi lahko izpolnjevali vaše od Boga dane dolžnosti, medtem ko hodite po zelo ozki poti.

Ko oseba stopa skozi biserna vrata v Novi Jeruzalem, neobvladljivo pretaka solze radosti in navdušenja, pri tem pa daje vso zahvalo in slavo Bogu, kateri je to osebo privedel v to veličastno mesto.

In zakaj je Bog izdelal dvanajst temeljnih kamnov iz dvanajstih različnih draguljev? Zato, ker skupen pomen dvanajstih draguljev predstavlja srce Gospoda in Očeta.

Zato se morate zavedati duhovnega pomena posameznega dragulja in vse to tudi doseči v vašem srcu, saj boste le tako lahko odšli v Novi Jeruzalem. Vse te različne pomene vam bom podrobneje pojasnil v knjigi Nebesa, 2. del: Polna Božje slave.

Popolnost hiš Novega Jeruzalema

Hiše Novega Jeruzalema so po velikosti in veličastnosti kakor gradovi. Vsaka je edinstvena in zgrajena po željah lastnika. Različne barve in sijaj draguljev vzbujajo neopisljiv občutek lepote in veličastva.

Ljudje lahko že na prvi pogled prepoznajo, komu pripada posamezna hiša. Prav tako lahko po sami luči slave in draguljih, ki krasijo hišo, enostavno prepoznajo, v kolikšni meri je lastnik ugajal Bogu, ko je še živel na tej zemlji.

Na primer, hiša nekoga, ki je postal mučenik na tej zemlji, bo beležila in imela okrasje, ki bo pričalo o dobroti lastnikovega srca in njegovih dosežkih do trenutka mučeniške smrti. Besede bodo vrezane na obsijano zlato ploščo. Pisalo bo: „Lastnik te hiše je postal mučenik in je izpolnil voljo Očeta na __. dan __. meseca v letu ___."

Ljudje se bodo priklanjali že ob pogledu na sama vrata in zlato ploščo, ki oddaja izredno močno svetlobo in na kateri so zabeleženi lastnikovi dosežki. Mučeništvo namreč prinaša izredno veličastno nagrado in je Bogu v ponos in veselje.

V nebesih ni hudobije, zato se ljudje avtomatsko priklonijo v skladu s položajem lastnika in ljubeznijo, s katero je ljubljen od Boga. Poleg tega, tako kot ljudje na zemlji podeljujejo zahvalne plakete ali medalje za zasluge, s katerimi nagrajujejo velike dosežke, tako tudi Bog vsakemu podari plaketo, ker Mu je dajal slavo. Pri tem pa se vonjave in moč svetlobe razlikujeta glede na vrsto plakete.

Bog v hišah poskrbi tudi za nekaj, kar ljudi spominja na njihovo življenje na tej zemlji. Seveda pa vam je v nebesih na voljo tudi nekakšen televizijski aparat, s katerim si lahko ogledujete dogodke iz vašega življenja na zemlji.

Zlati venec oziroma venec pravičnosti

Če vam uspe priti v Novi Jeruzalem, boste tam prejeli zasebno hišo ter zlati venec ali venec pravičnosti, vse v skladu z vašimi deli na tej zemlji. Venec pravičnosti je najbolj veličasten in čudovit

nebeški venec.
Zlate vence podeljuje sam Bog in okrog Njegovega prestola sedi štiriindvajset starešin z zlatimi venci na glavah.

Okrog prestola je bilo štiriindvajset prestolov in na prestolih je sedelo štiriindvajset starešin, ogrnjenih v bela oblačila, z zlatimi venci na glavah (Razodetje 4:4).

Beseda „starešine" pa se tukaj ne nanaša na naziv, ki ga podeljujejo v cerkvah na zemlji, temveč na tiste, ki so pravični v Božjih očeh in so priznani od Boga. Ti ljudje so posvečeni in so sezidali svetišče v svojem srcu, kot tudi vidno svetišče. Sezidati svetišče v srcu pomeni, da postanemo duhovna oseba, potem ko smo odpravili vse oblike hudobije. Sezidati vidno svetišče pa po drugi strani zajema zvesto izpolnjevanje vseh dolžnosti na tej zemlji.

Število „štiriindvajset" predstavlja vse tiste ljudi, ki so po svoji veri stopili skozi vrata odrešenja, kot denimo dvanajst Izraelovih rodov, ter postali posvečeni kakor dvanajst učencev Gospoda Jezusa. „Štiriindvajset starešin" se potemtakem nanaša na Božje otroke, ki so priznani od Boga in zvesti v vsej Božji hiši.

Kdor ima vero kakor zlato, ki se nikoli ne spreminja, bo torej prejel zlati venec, kdor pa hrepeni po Gospodovi pojavitvi, kakor je hrepenel apostol Pavel, ta bo prejel venec pravičnosti.

Dober boj sem izbojeval, tek dokončal, vero ohranil. Odslej je zame pripravljen venec pravičnosti, ki mi ga bo tisti dan dal Gospod, pravični Sodnik. Pa ne le meni, marveč vsem, ki ljubijo Njegovo pojavitev (2

Timoteju 4:7-8).

Vsi ljudje, ki hrepenijo po Gospodovi pojavitvi, bodo jasno živeli znotraj luči in resnice ter postali dobro pripravljene posode in Gospodove neveste. In temu primerno bodo tudi prejeli svoje vence.

Apostol Pavel se ni zlomil pred preganjanjem in stisko, temveč si je ves čas prizadeval za širitev Božjega kraljestva ter vedno ravnal v okvirih Božje pravičnosti. Z velikim trudom in stanovitnostjo si je prizadeval za Božjo slavo, zato je Bog zanj pripravil venec pravičnosti. In pripravil ga bo tudi za vse tiste, ki kakor apostol Pavel hrepenijo po Gospodovi pojavitvi.

Izpolnjena bo sleherna želja njihovega srca

Vse, kar vam je hodilo po glavi na tej zemlji, kar ste želeli početi, a ste se temu odpovedali zaradi Boga – vse to vam bo Bog povrnil v obliki čudovitih nagrad v Novem Jeruzalemu.

Hiše Novega Jeruzalema namreč vsebujejo vso opremo in udobje, ki ste si ga želeli. Nekatere hiše imajo jezera, na katerih lahko lastniki čolnarijo, spet druge pa gozd, v katerem se lahko lastniki sprehajajo. Ljudje lahko uživajo tudi v pogovoru z ljubljenimi osebami ob čaju v kotičku čudovitega vrta. Tam so tudi hiše s travniki, prekriti s cvetjem in tratami, kjer se lahko ljudje sprehajajo in pojejo hvalnice s pticami in drugimi živalmi.

Na ta način je Bog v nebesih poskrbel za vse vaše želje iz tega sveta. Samo pomislite, kako močno boste ganjeni ob pogledu na vse te reči, ki jih je Bog skrbno pripravil za vas?

Pravzaprav je že sam odhod v Novi Jeruzalem izvor velike

sreče. Tam boste namreč živeli v večni sreči, slavi in lepoti. Znova in znova vas bosta prevzemali velika radost in navdušenje, ko se boste ozrli v tla, nebo ali kamorkoli drugam.

V Novem Jeruzalemu ljudje čutijo spokoj, udobje in varnost, saj je Bog ustvaril ta kraj za Svoje otroke, katere resnično ljubi, zato je vsak kotiček napolnjen z Njegovo ljubeznijo.

Karkoli boste tam počeli – se sprehajate, počivate, igrate, jeste ali pogovarjate z drugimi – boste pri tem vedno polni sreče in radosti. Drevesa, cvetje, trava in tudi živali so vse izredno ljubke, in prav čutili boste veliko veličastvo tamkajšnjih grajskih zidov, okrasja ter hišnega udobja.

V Novem Jeruzalemu je ljubezen do Boga Očeta kakor vodnjak, ki vas bo napajal z večno srečo, radostjo in hvaležnostjo.

Srečanje z Bogom iz oči v oči

V Novem Jeruzalemu, kjer je največ slave, lepote in sreče, se lahko srečate z Bogom na štiri oči, se sprehajate z Gospodom ter živite z vašimi ljubljenimi za vse veke.

Prav tako boste oboževani ne samo od angelov in nebeške vojske, temveč s strani vseh prebivalcev nebes. Poleg tega vam bodo kakor kralju stregli vaši zasebni angeli ter tako skrbeli za vse vaše želje in potrebe. Če boste želeli leteti, se bo do vas pripeljal vaš zasebni oblačni avtomobil in se ustavil tik ob vaših nogah. Takoj ko boste sedli vanj, že boste lahko odleteli v nebo kamorkoli boste želeli, ali pa se vozili po tleh.

Če boste vstopili v Novi Jeruzalem, boste srečevali Boga iz oči v oči, večno živeli z vašimi ljubljenimi in vsem vašim željam bo ugodeno v trenutku. Imeli boste vse, kar si boste zaželeli, in služili vam bodo kot princu ali princesi iz pravljice.

Udeleževanje banketov v Novem Jeruzalemu

V Novem Jeruzalemu se nenehno vršijo banketi. Včasih je gostitelj Oče, včasih Gospod ali Sveti Duh. Na teh banketih lahko dodobra občutite radost nebeškega življenja, ki je polno izobilja, svobode in lepote.

Kadar se udeležite banketa, ki ga je priredil Oče, si boste nadeli najveličastnejšo obleko in okrasje ter uživali v najboljši hrani in pijači. Prav tako boste uživali ob očarljivi in prijetni glasbi, hvalnicah in plesu. Občudovali boste ples angelov, včasih pa tudi sami zaplesali v Božjo čast.

Angeli so sicer tehnično najbolj podkovani, vendar pa je Bog vseeno bolj navdušen nad aromo Njegovih otrok, ki razumejo Njegovo srce in Ga srčno ljubijo.

Kdor je stregel na bogoslužjih na tej zemlji, bo stregel tudi na teh banketih, in kdor je slavil Boga s petjem, plesom ali igranjem na glasbila, bo to počel tudi na nebeških banketih.

Nadeli si boste mehko, puhasto obleko s številnimi vzorci, čudovit venec ter okrasje iz draguljev različnih barv. Banketov se boste udeležili z oblačnim avtomobilom ali zlatim vagonom in ob spremstvu angelov. Mar vam ne razbija srce od radosti in pričakovanj, ko samo pomislite na vse to?

Križarjenje na steklenem morju

V čudovitem nebeškem morju se pretaka voda, ki je jasna in bleščeča kakor kristal, brez vsakega madeža ali nečistoč. Voda sinjega morja nosi nežne valove ob sapici in se močno blešči. V tej prosojni vodi plavajo različne vrste rib in ko se jim ljudje približajo, jih le te toplo pozdravijo s premikanjem plavuti in jim tako izražajo ljubezen.

Tam se bohotijo tudi korale različnih barv in vsakič, ko se premaknejo, oddajo prekrasno barvno svetlobo. Kako osupljiv mora biti ta prizor! Sredi morja najdemo tudi številne majhne otočke, ki so videti naravnost fantastični. Po morju pljujejo številne križarke, kot je bila križarka Titanik, na katerih se prav tako odvijajo banketi.

Te ladje ponujajo izjemno udobje, vključno s prijetno nastanitvijo, kegljišči, plavalnimi bazeni in plesnimi dvoranami, tako da lahko ljudje uživajo vse, kar si poželijo.

Samo predstavljajte si zabavo na teh ladjah, ki so mogočnejše in bolj bogato opremljene kot katerakoli križarka na tej zemlji, in povrh tega bo prisoten tudi Gospod in vaši ljubljeni.

2. Komu je namenjen Novi Jeruzalem?

V Novi Jeruzalem bodo odšli tisti, ki imajo vero kakor zlato, hrepenijo po Gospodovi pojavitvi in so se pripravili kakor čudovite Gospodove neveste. Toda, kakšna oseba moraš potemtakem biti, da lahko vstopiš v Novi Jeruzalem, ki je poln Božje slave ter bleščeč in čudovit kakor kristal?

Ljudje z vero za ugajanje Bogu

Novi Jeruzalem je kraj za ljudi na peti stopnji vere – za tiste, ki nimajo samo v celoti posvečenega srca, ampak so bili tudi zvesti v vsej Božji hiši.

Vera, ki ugaja Bogu, je tista vera, s katero je Bog tako močno zadovoljen, da si želi izpolniti vse zahteve in poželenja Njegovih otrok, še preden Ga ti prosijo.

In kako lahko ugajamo oziroma zadovoljimo Boga? Vzemimo naslednji primer. Nek oče se vrne domov z dela in reče svojima sinovoma, da je močno žejen. Prvi sin, ki se zaveda, da oče rad pije gazirane pijače, prinese očetu kokakolo ter mu obenem ponudi sproščujočo masažo, četudi oče ni prosil zanjo.

Medtem pa drugi sin očetu prinese zgolj kozarec vode in se nemudoma vrne v svojo sobo. Kateri od sinov je potemtakem bolj ugajal očetu in ga bolje razumel?

Oče je gotovo bil bolj zadovoljen s sinom, ki mu je prinesel kozarec kokakole in mu nudil masažo, za katero sploh ni prosil.

In na enak način je tudi razlika med tistimi, ki gredo v tretje kraljestvo, in tistimi, ki gredo v Novi Jeruzalem, pogojena s tem, kako so ljudje ugajali Bogu Očetu in bili zvesti Njegovi volji.

Ljudje popolnega duha in srca Gospodovega

Ljudje, ki imajo vero za ugajanje Bogu, si napolnijo svoja srca izključno samo z resnico ter so zvesti v vsej Božji hiši. Biti zvest v vsej Božji hiši pomeni izpolnjevati vse dolžnosti še bolj zvesto, kot se od vas pričakuje, ter to početi z vero samega Kristusa, ki je izpolnil Božjo voljo tudi za ceno Svoje smrti.

Kdor je torej zvest v vsej Božji hiši, se ne ozira na svoja lastna poželenja, temveč pri vsem početju sledi samo srcu Gospoda oziroma duhovnemu srcu. Pavel lepo opisuje srce Gospoda

183

Nebesa I

Jezusa v pismu Filipljanom 2:6-8:

Čeprav je [Kristus Jezus] bil namreč v podobi Boga, se ni ljubosumno oklepal Svoje enakosti z Bogom, ampak je Sam Sebe izpraznil tako, da je prevzel podobo služabnika in postal podoben ljudem. Po zunanjosti je bil kakor človek in je Sam Sebe ponižal tako, da je postal pokoren vse do smrti, in sicer smrti na križu.

Bog Ga je povzdignil in Mu podaril ime, ki je nad vsakim imenom, Ga posedel na desno stran Svojega prestola ter Mu podelil oblast kot „Kralju kraljev" in „Gospodu gospodov."

Zatorej, tako kot je rekel Jezus, morate znati brezpogojno ubogati Božjo voljo, da bi pridobili vero za odhod v Novi Jeruzalem. Človek, ki je upravičen vstopiti v Novi Jeruzalem, mora znati razumeti tudi tisti najglobji del Božjega srca. Takšna oseba bo močno ugajala Bogu, saj izpolnjuje Božjo voljo in je zvesta vse do smrti.

Bog oblikuje Svoje otroke, da bi ti pridobili vero kakor zlato, s katero bodo lahko vstopili v Novi Jeruzalem. Tako kot rudar uporablja različne filtre pri iskanju zlata, tako Bog s Svojo besedo očiščuje grehe Svojih otrok ter jih budno spremlja, medtem ko se ti spreminjajo v čudovite duše. Kadar najde otroka z vero kakor zlato, se Bog veseli zmage nad vso bolečino, trpljenjem in žalostjo, ki jo je prestal, ko si je prizadeval doseči namen vzgoje človeštva.

Vsi ljudje, ki vstopijo v Novi Jeruzalem, so pravi otroci, ki jih je Bog pridobil, potem ko je dolgo časa čakal, da so dosegli popolnega duha ter preoblikovali svoje srce v srce Gospoda. Ti ljudje so Bogu zelo dragoceni, zato jih bo neskončno ljubil. Ravno zato Bog v Prvem pismu Tesaloničanom 5:23 pravi: *"Sam Bog miru naj vas posveti, da boste popolni. In vse, kar je vašega, duh, duša in telo, naj bo ohranjeno neoporečno, dokler ne pride naš Gospod Jezus Kristus."*

Ljudje z radostjo izpolnijo svojo mučeniško dolžnost

Mučeništvo je žrtvovanje posameznikovega življenja, kar jasno zahteva veliko mero odločnosti in predanosti. Slava in udobje, ki ju človek uživa, potem ko je dal svoje življenje za izpolnitev Božje volje, tako kot je to storil Jezus, sta neopisljiva.

Pravzaprav ima mučeniško vero vsak, ki vstopi v tretje kraljestvo ali Novi Jeruzalem, vendar pa tisti, ki je dejansko tudi postal mučenik, prejme veliko več slave. V kolikor niste v stanju, ko bi lahko postali mučenik, morate najprej pridobiti srce mučenika, doseči posvečenost ter izpolniti vse vaše dolžnosti. Šele tedaj boste lahko postali mučenik.

Nekoč mi je Bog razodel slavo nekega duhovnika moje cerkve, ki je bo deležen v Novem Jeruzalemu, potem ko izpolni svojo mučeniško dolžnost.

V nebesih bo ob pogledu na svojo hišo močno jokal iz hvaležnosti za izkazano Božjo ljubezen. Pred hišo se bo raztezal velik vrt, poln prekrasnega cvetja, dreves in drugega okrasja. Od vrta do hiše bo vodila cesta iz zlata in cvetje bo s prijetnim vonjem oznanjalo njegove dosežke.

Na vrtu se bodo bohotila čudovita drevesa, na katerih bodo posedale ptice z zlatim perjem. Vse vrste živali, ptice in številni angeli bodo slavili njegov dosežek mučeništva ter ga toplo sprejeli, in ko bo stopal po cesti, se bo njegova ljubezen do Gospoda kazala kakor čudovita aroma. Znova in znova bo izrekal hvaležnost iz svojega srca.

„Gospod me je resnično ljubil in mi naložil dragoceno dolžnost! To je razlog, da lahko bivam v ljubezni Očeta!"

V notranjosti hiše bodo stene krasili dragoceni dragulji, kot sta karneol in safir, ter oddajali čudovite rdeče in druge barvne snope svetlobe. Karneol služi kot simbol, da je ta naš duhovnik razvil vnemo za žrtvovanje lastnega življenja ter strastno ljubezen, na način kot je to storil apostol Pavel. Safir pa predstavlja njegovo zvesto in neomajno srce ter integriteto, da je živel resnico vse do smrti. Vsi ti dragulji bodo služili v spomin na mučeništvo.

Na zunanjih stenah hiše bo sijal napis, vklesan od samega Boga, ki bo beležil lastnikove preizkušnje, kdaj in kako je postal mučenik ter v kakšnih okoliščinah je izpolnil Božjo voljo. Ko verniki postanejo mučeniki, praviloma močno hvalijo oziroma slavijo Boga. Vse te besede bodo zapisane na zunanji steni hiše. Napis bo tako izrazito sijal, da boste ob pogledu nanj izredno navdušeni in tudi besedilo samo vas bo napolnilo z radostjo. Kako občudovanja vreden bo napis, čigar avtor je Bog, ki je luč sama! Kdorkoli bo obiskal to njegovo hišo, se bo klanjal pred temi besedami, ki jih je napisal Bog sam!

Stene dnevne sobe bodo okrašene z različnimi poslikavami, ki bodo opisovale njegova dejanja, odkar je srečal Gospoda – kako močno je ljubil Gospoda ter kako in s kakšnim srcem je ravnal v različnih primerih.

V enem kotičku vrta bo nameščenih več vrst športne opreme, izdelane iz čudovitih materialov ter z okrasjem, ki si ga na zemlji ne znamo niti predstavljati. To opremo mu bo Bog podaril v njegovo uteho, saj je oboževal šport, a se mu je odpovedal na račun duhovništva. Telovadne ročke ne bodo izdelane iz kovine ali jekla, temveč iz posebnih dragocenih in lepo okrašenih svetlikajočih se kamnov. Prav neverjetno pa se bo njihova teža spreminjala glede na osebo, ki jih v danem trenutku uporablja pri telovadbi. Seveda pa se telovadna oprema v nebesih ne uporablja za ohranjanje lepe postave, temveč se hrani zgolj kot spominek ter vir ugodja.

Kako se bo duhovnik počutil vpričo vseh teh reči, ki jih je Bog pripravil zanj? Za Gospoda se je moral odpovedati svojim poželenjem, toda zdaj bo njegovo srce potolaženo in hvaležen bo za izkazano Božjo ljubezen.

Kar naprej se bo s solzami v očeh zahvaljeval in slavil Boga, kajti nežno in ljubeče Božje srce bo poskrbelo za vse, kar si je kdajkoli želel.

Popolna združenost z Gospodom in Bogom

Bog mi je pokazal zgradbo v Novem Jeruzalemu, veliko kot mogočno mesto. Ob pogledu na njeno velikost, lepoto in razkošje se nisem mogel dovolj načuditi.

Ta gromozanska zgradba ima dvanajst vhodov, po tri na severu, jugu, vzhodu in zahodu. V središču stoji velik trinadstropni grad, okrašen s suhim zlatom in različnimi vrstami dragih kamnov.

V prvem nadstropju najdemo ogromno dvorano, v kateri ni moč videti z enega konca do drugega, ter celo vrsto sob, v katerih se odvijajo banketi in razna srečanja. V drugem nadstropju so prostori za sprejem prerokov ter sobe, kjer so razstavljeni venci, oblačila in spominki. Tretje nadstropje se uporablja izključno za srečanja z Gospodom ter deljenje ljubezni z Njim.

Grad obkrožajo zidovi, obdani s cvetjem in čudovitimi vonjavami. Okrog gradu se spokojno pretaka reka žive vode, nad njo pa se raztezajo mavrično obarvani oblačni mostovi v obliki loka.

Vrt je preplavljen z različnimi vrstami cvetja, drevesi in travo, kar skupaj tvori popolno lepoto. Na drugi strani reke se raztezajo nepredstavljivo prostrani gozdovi.

Tam je tudi zabaviščni park s številnimi atrakcijami, kot so kristalni vlak, vikinški vlak iz zlata ter druga vozila, okrašena z dragulji, ki oddajajo čudovito svetlobo, kadar so v pogonu. Nasproti zabaviščnega parka poteka široka cesta cvetja, za njo pa se razteza ravnina, kjer se igrajo in počivajo živali, podobno kot na tropskih ravninah na tej zemlji.

Poleg tega je tam še cela vrsta manjših zgradb, okrašenih z dragulji, ki razlivajo čudovite in skrivnostne svetlobne žarke po vsej okolici. Zraven vrta najdemo tudi slap in za hribom morje, na katerem pljujejo velike križarke. Vse to je last enega posameznika, zato si lahko predstavljate, kako veliko in bogato mora biti to posestvo.

Ta zgradba, ki je velika kot mesto, pa je hkrati turistična točka v nebesih, ki privablja množice ne samo iz Novega Jeruzalema, temveč iz vseh koncev nebes. Ljudje se tukaj radi zabavajo in delijo ljubezen z Bogom. Poleg tega lastniku strežejo številni angeli, skrbijo za prostore in udobje, nudijo spremstvo pri vožnji z oblačnim avtomobilom ter slavijo Boga s plesom in igranjem na glasbila. Prav vse je podrejeno zagotavljanju maksimalne sreče in udobja.

Bog je pripravil to hišo, ker je lastnik z vero, upanjem in ljubeznijo premagal vse skušnjave in preizkušnje ter z Božjo močjo in besedo življenja privedel veliko ljudi na pot odrešenja, pri tem pa ves čas najprej ljubil Boga bolj kot vse drugo.

Ljubeči Bog nikoli ne pozabi vašega truda in solz ter vam vse poplača po vaših delih. Bog si želi, da bi bili skozi žrtveno ljubezen vsi združeni z Njim in Gospodom ter da bi postali duhovni delavci, ki bi privedli mnoge ljudi na pot odrešenja.

Kdor ima vero za ugajanje Bogu, lahko s svojo žrtveno ljubeznijo postane združen z Bogom in Gospodom, kajti tak človek ni le dosegel bogopodobnosti in popolnega duha, temveč je hkrati dal svoje življenje in postal mučenik. Takšni ljudje resnično ljubijo Boga in Gospoda. In četudi nebesa ne bi obstajala, ne obžalujejo in ne pogrešajo tistega, v čem bi lahko uživali na tej zemlji. Ravnanje po Božji besedi in služenje Gospodu napolnjuje njihova srca s srečo in radostjo.

Seveda pa ljudje s pravo vero živijo v upanju po nagradah, ki jih bodo prejeli od Boga v nebesih, tako kot piše v Pismu Hebrejcem 11:6: *„Brez vere namreč ne moremo biti Bogu všeč, kajti kdor prihaja k Bogu, mora verovati, da On biva in poplača tiste, ki Ga iščejo."*

In dejansko zanje ni pomembno, ali nebesa obstajajo ali ne, in ali bodo deležni nagrad ali ne, kajti obstaja nekaj še bolj dragocenega. Srečni so in se veselijo srečanja z Očetom Bogom in Gospodom Jezusom, ki ga resnično ljubijo. Če ne bi mogli srečati Očeta Boga in Jezusa, bi se počutili veliko bolj nesrečni in žalostni, kot če ne bi prejeli nagrad ali življenja v nebesih.

Ljudje, ki izpovedo svojo neizmerno ljubezen do Boga in Jezusa, tako da žrtvujejo lastno življenje — četudi niso prepričani v resničnost srečnega življenja v nebesih — so skozi žrtveno ljubezen združeni z Očetom in Gospodom. In potem si predstavljajte, kako veličastna bo slava in nagrade, ki jih je Bog pripravil zanje!

Apostol Pavel, ki je hrepenel po Gospodovi pojavitvi, se boril za Gospodova dela ter privedel veliko ljudi do odrešenja, je izrekel naslednje:

> *Kajti prepričan sem: ne smrt ne življenje, ne angeli ne poglavarstva, ne sedanjost ne prihodnost, ne moči, ne visokost, ne globokost ne kakršna koli druga stvar nas ne bo mogla ločiti od Božje ljubezni v Kristusu Jezusu, našem Gospodu* (Rimljanom 8:38-39).

Novi Jeruzalem je kraj za Božje otroke, ki so skozi tovrstno ljubezen združeni z Očetom Bogom. Novi Jeruzalem, ki je bleščeč in čudovit kakor kristal, poln nepredstavljive sreče in radosti, je pripravljen za nas.

Ljubeči Oče Bog si želi ne samo, da bi se vsi rešili, temveč da bi hkrati izžarevali Njegovo svetost in popolnost, da bi lahko vsi prišli v Novi Jeruzalem.

Zato molim v imenu Gospoda, da bi dojeli, da se bo kmalu vrnil Gospod, ki je odšel v nebesa, da vam pripravi bivališče, ter bi dosegli popolnega duha in se pripravili kakor čudovita nevesta, ki izpoveduje: „Pridi kmalu, Gospod Jezus."

Avtor:
Dr. Jaerock Lee

Dr. Jaerock Lee se je rodil leta 1943 v Muanu, provinci Jeonnam, v Republiki Koreji. V svojih dvajsetih letih je polnih sedem let trpel za celo vrsto neozdravljivih bolezni in samo še čakal na smrt, brez slehernega upanja po okrevanju. Nato pa je nekega dne, spomladi leta 1974, na sestrino prošnjo obiskal cerkev in ko je pokleknil, da bi molil, ga je živi Bog v trenutku ozdravil vseh bolezni.

Vse odkar je dr. Lee skozi to čudovito izkušnjo srečal živega Boga, Ga je ljubil z vsem svojim srcem in iskrenostjo, zato je bil leta 1978 tudi poklican za Njegovega služabnika. Goreče je molil in opravil nešteto molitvenih postov, da bi razumel in v celoti izpolnjeval Božjo voljo ter sledil Božji besedi. Leta 1982 je v Seulu ustanovil centralno cerkev Manmin, v kateri se je do danes odvilo nešteto Božjih del, vključno s čudežnimi ozdravljenji, znamenji in drugimi čudeži.

Leta 1986 je bil dr. Lee posvečen za pastorja in štiri leta kasneje, leta 1990, so začeli na radiu v živo prenašati njegove pridige, in sicer v Avstraliji, Rusiji, na Filipinih in kmalu zatem tudi drugod po svetu.

Tri leta kasneje, leta 1993, je revija Christian World centralno cerkev Manmin označila za eno od petdesetih najvplivnejših cerkva na svetu, dr. Lee pa je od krščanske univerze na Floridi (ZDA) prejel častni doktorat božanskosti, leta 1996 pa nato še doktorat na teološkem semenišču v Iowi (ZDA).

Od leta 1993 je dr. Lee na čelu gibanja za svetovno evangelizacijo in je uspešno izpeljal številne kampanje v Tanzaniji, Argentini, Los Angelesu, Baltimoru, na Havajih, New Yorku, Ugandi, na Japonskem, Pakistanu, Keniji, na Filipinih, Hondurasu, Indiji, Rusiji, Nemčiji, Peruju, Demokratični republiki Kongo, Izraelu in Estoniji.

Zavoljo njegovega vplivnega delovanja po vsem svetu ga je leta 2002 eden največjih korejskih časopisov opisal kot „svetovno znanega revivalista." Še posebej zavoljo njegovega newyorškega shoda iz leta 2006, ki je potekal v Madison Square Gardnu in ga je v živo prenašalo 220 držav; ter jeruzalemskega shoda iz leta 2009, kjer je Jezusa Kristusa drzno razglasil za Mesijo in Odrešenika.

Njegove pridige se danes preko satelitov prenaša v 176 državah in v letih 2009/10 sta ga tiskovna agencija Christian Telegraph in priljubljena ruska krščanska revija In Victory imenovali za enega od desetih najvplivnejših krščanskih voditeljev.

April 2016 je Centralna cerkev Manmin štela že več kot 120.000 članov in 10.000 podružničnih cerkva po vsem svetu, vključno s 56 domačimi podružničnimi cerkvami. Poleg tega je bilo poslanih že več kot 102 misijonarjev v 23 držav, vključno z Združenimi državami Amerike, Rusijo, Nemčijo, Kanado, Japonsko, Kitajsko, Francijo, Indijo, Kenijo in še mnogimi drugimi.

Do datuma izdaje te knjige je dr. Lee napisal že 104 knjig, med njimi tudi uspešnice *Pokušanje Večnega Življenja Pred Smrtjo; Moje Življenje-Moja Vera, 1. in 2. Knjiga; Sporočilo Križa; Mera Vere; Nebesa, 1. in 2. Knjiga; Pekel; Prebujeni Izrael;* ter *Božja Moč*. Njegova dela so prevedena v več kot 76 jezikov.

Njegove članke najdemo v časopisih *Hankook Ilbo, JoongAng, Chosun Ilbo, Dong-A Ilbo, Seul Shinmun, Hankyoreh Shinmun, Kyunghyang Shinmun, Koreja Herald, Sisa* ter *Christian Press*.

Dr. Lee je danes na čelu številnih misijonarskih organizacij in zvez. Med drugim je predsednik Združene cerkve svetosti, stalni predsednik zveze Krščanskega sveta, ustanovitelj in predsednik odbora Globalne krščanske mreže, ustanovitelj in predsednik mreže Krščanskih zdravnikov, ter ustanovitelj in predsednik Mednarodnega semenišča Manmin.

Druge zanimive knjige istega avtorja

Nebesa II

Vstopite v sveto mesto, v Novi Jeruzalem, čigar dvanajstero vrat je narejenih iz lesketajočih se biserov, ki ležijo sredi prostranih nebes in veličastno svetijo kot zelo dragoceni dragulji.

Sporočilo Križa

Globoko sporočilo za prebujenje, namenjeno vsem tistim, ki duhovno spijo! V tej knjigi boste spoznali, da je Jezus naš edini Odrešenik in resnična Božja ljubezen.

Pekel

Iskreno sporočilo vsemu človeštvu od Boga, ki si želi, da ne bi niti ena sama duša padla v globine pekla. Odkrili boste doslej še nerazkrito pripoved o kruti realnosti spodnjih krajev zemlje in pekla.

Duh, Duša in Telo I & II

Vodnik, ki bralcu ponuja duhovno razumevanje duha, duše in telesa, ter mu pomaga poiskati njegov 'jaz', da bo lahko pridobil moč, s katero bo premagal temo in postal duhovna oseba.

Količina Vere

Kakšno bivanje, krona in zakladi nas čakajo v nebesih? Ta knjiga postreže z modrostjo in navodili za izračun količine vaše vere ter za negovanje najboljše in najbolj zrele vere.

Prebujeni Izrael

Zakaj Bog že vse od začetka sveta spremlja Izrael? Kakšne vrste Njegove previdnosti bo v poslednjih dneh deležen Izrael, kamor se bo vrnil Mesija?

Moje Življenje, Moja Vera I & II

Najbolj prijetna duhovna aroma, pridobljena iz življenja, ki je cvetelo z Božjo ljubeznijo brez primere, in to sredi temnih valov, hladnega jarma in globokega obupa.

Božja Moč

Obvezno branje, ki služi kot pomemben vodnik, kako priti do prave vere in izkusiti čudovito Božjo moč.

www.urimbooks.com

www.ingramcontent.com/pod-product-compliance
Lightning Source LLC
LaVergne TN
LVHW041703060526
838201LV00043B/552

PRAISE FOR THE ROMA NOVA SERIES

INCEPTIO
"Brilliantly plotted original story, grippingly told and cleverly combining the historical with the futuristic. It's a real edge-of-the-seat read, genuinely hard to put down." – Sue Cook

CARINA
"This is a fabulous thriller that cracks along at a great pace and just doesn't let up from start to finish." – Discovering Diamonds Reviews

PERFIDITAS
"Alison Morton has built a fascinating, exotic world! Carina's a bright, sassy detective with a winning dry sense of humour. The plot is pretty snappy too!" – Simon Scarrow

SUCCESSIO
"I thoroughly enjoyed this classy thriller, the third in Morton's epic series set in Roma Nova." – Caroline Sanderson in The Bookseller

AURELIA
"AURELIA explores a 1960s that is at once familiar and utterly different – a brilliant page turner that will keep you gripped from first page to last. Highly recommended." – Russell Whitfield

INSURRECTIO
"INSURRECTIO – a taut, fast-paced thriller. I enjoyed it enormously. Rome, guns and rebellion. Darkly gripping stuff." – Conn Iggulden

RETALIO
"RETALIO is a terrific concept engendering passion, love and loyalty. I actually cheered aloud." – J J Marsh

ROMA NOVA EXTRA
"One of the reasons I am enthralled with the Roma Nova series is the concept of the whole thing." – Helen Hollick, Vine Voice

THE ROMA NOVA THRILLERS

The Carina Mitela adventures
INCEPTIO
CARINA (novella)
PERFIDITAS
SUCCESSIO

The Aurelia Mitela adventures
AURELIA
INSURRECTIO
RETALIO

ROMA NOVA EXTRA (Short stories)

ABOUT THE AUTHOR

A 'Roman nut' since age 11, Alison Morton has clambered over much of Roman Europe; she continues to be fascinated by that complex, powerful and value driven civilisation.

Armed with an MA in history, six years' military service and a love of thrillers, she explores via her Roma Nova novels the 'what if' idea of a modern Roman society run by strong women.

Alison lives in France with her husband, cultivates a Roman herb garden and drinks wine.

Find out more at alison-morton.com, follow her on Twitter @alison_morton and Facebook (AlisonMortonAuthor)